臺灣歷史與文化 研究輯刊

七 編

第 6 冊

台灣古典詩自然寫作研究
——明鄭時期至清朝時期

蔡 清 波 著

花木蘭文化出版社

國家圖書館出版品預行編目資料

台灣古典詩自然寫作研究——明鄭時期至清朝時期／蔡清波
著 -- 初版 -- 新北市：花木蘭文化出版社，2015〔民104〕
目 2+150 面；19×26 公分
（臺灣歷史與文化研究輯刊 七編：第 6 冊）
ISBN 978-986-404-177-0（精裝）
1. 臺灣詩 2. 詩評
733.08   103027818

臺灣歷史與文化研究輯刊
七 編 第 六 冊   ISBN：978-986-404-177-0

台灣古典詩自然寫作研究——明鄭時期至清朝時期

作 者 蔡清波
總 編 輯 杜潔祥
副總編輯 楊嘉樂
編 輯 許郁翎
出 版 花木蘭文化出版社
社 長 高小娟
聯絡地址 235 新北市中和區中安街七二號十三樓
電話：02-2923-1455 ／傳真：02-2923-1452
網 址 http://www.huamulan.tw 信箱 hml810518@gmail.com
印 刷 普羅文化出版廣告事業
初 版 2015 年 3 月
定 價 七編 10 冊（精裝）台幣 20,000 元

台灣古典詩自然寫作研究
——明鄭時期至清朝時期

蔡清波　著

作者簡介

蔡清波；1953 年生

性別：男

屏東師專、高雄師大國文系、中山大學中文所碩士班畢業

曾任：

1. 國小、國中教師、主任、組長。2. 高職圖書館主任、總務主任、教務主任。3. 高雄市立中山、楠梓高中校長。4. 財團法人翰林文教基金會執行長。5. 中華民國社會教育協會理事長。

現任：

高雄市普門中學校長、高雄市兒童文學寫作協會理事長、中華民國高中體總副會長、亞洲兒童文學共同副會長

主要成書著作：

1. 我愛兒童詩（一）（二）（三）／ 1982 愛智圖書。2. 神童的故事｜神童篇／ 1985 愛智圖書。3. 神童的故事｜滑稽篇／ 1985 愛智圖書。4. 作文小博士／ 1986 愛智圖書。5. 創作謎語 110 ／ 1986 愛智圖書。6. 作文大辭典／ 1998 派色文化出版。7. 黃金溪的春天／ 1998 翰林出版。8. 謎天謎地謎故事／ 1998 富春文化出版。9. 國文語文能力百分百／ 2001 翰林出版。

榮譽事蹟

曾獲教育部文藝創作獎、師鐸獎、木鐸獎、兒童文學柔蘭獎

提　　要

明鄭時期到清朝時期，台灣古典詩經過詩家的經營，留下無數璀璨的篇章，歷經三百多年來，朝代的更迭，戰亂的洗禮，尚能保存多數的詩篇。有些遺逸者，有心之士，又能從海外蒐羅備置，誠為天佑吾土，彰顯台灣古典詩，滋潤故土之功。台灣古典詩發展，其題材朝向新鮮、冒險、創意。其內容以自然寫作為載體，發展出台灣古典詩中最具特色部份，有精繪的物產詩、冒險的海洋詩、美感的八景詩，地震、風災、水患的天然災害詩、地理風土民俗的竹枝詞，有如博物誌將自然寫作和盤托出，共同認同這塊土地，共詠自然篇章。

台灣古典詩在共同為這塊土地耕耘中，記錄著這份歷史，有著「史詩」的成份，也為台灣留下歷史的軌跡，承受景物變化的感傷，天然災害詩的驚悚警惕。台灣古典詩自然寫作中也成為記錄台灣的實象，貼近歷史，成為三百年台灣最重要的資源。

研究自然寫作，獲得精彩的發現：

一、自然寫作紀錄台灣的滄桑

二、詳加考察台灣動植物，記載最為詳實的自然詩寫作

三、渡海詩、海象詩中充分提供紀錄海洋的自然寫作

四、風災、水患、地震詩中，忠實記載自然災害

五、八景詩中呈現自然秀麗的風貌為詩人最佳代言

六、竹枝詞中描繪民俗、風土的自然情懷

七、自然風物成為黍離緬懷故國篇章

台灣古典詩中自然寫作，常「情以物遷，辭以情發」，豐富的景象，隨著四季變動，台灣的政局，也常變動不安，詩家置身其中，關懷國事，藉物詠託，世事紛擾中不減其吟詠情趣。台灣古典詩風，實事求是，藉物託志，熱愛斯土，雖偏海角一隅，擁自然奇葩，特以台灣古典詩之自然研究，探其面貌，以存其真。

目

次

第一章　緒　論 ……………………………………………… 1
　　第一節　研究動機及目的 ……………………………… 1
　　第二節　「自然」的定義及歷代自然詩寫作 ………… 2
　　第三節　台灣古典詩的定義及研究範圍 ……………… 8
　　第四節　台灣古典詩自然寫作釋義 …………………… 8
　　第五節　台灣古典詩中自然寫作的特質 ……………… 10
第二章　台灣古典詩自然寫作形成因素 ………………… 27
　　第一節　自然因素 ……………………………………… 29
　　第二節　社會因素 ……………………………………… 43
第三章　台灣古典詩動植物詩的自然寫作 ……………… 75
　　第一節　詠物詩中動物的自然寫作 …………………… 77
　　第二節　詠物詩中的植物自然寫作 …………………… 86
第四章　台灣古典詩山川、海象詩寫作 ………………… 93
　　第一節　山川的自然寫作 ……………………………… 93
　　第二節　海象自然之寫作 ……………………………… 104
第五章　台灣古典詩自然災害的寫作 …………………… 107
　　第一節　地震的寫作 …………………………………… 107
　　第二節　風災、水患的寫作 …………………………… 110
　　第三節　海吼詩的寫作 ………………………………… 121
第六章　台灣八景詩自然寫作的張力 …………………… 125
　　第一節　緣起 …………………………………………… 125
　　第二節　台灣八景詩的分析 …………………………… 125
　　第三節　八景詩的自然寫作 …………………………… 128
　　第四節　八景詩與現今景物之對照 …………………… 134
第七章　結　論 …………………………………………… 141
參考書目 …………………………………………………… 143

第一章　緒　論

第一節　研究動機及目的

　　文以載道，詩以言志，自古以來爲傳統文人所揭櫫的文學創作目標，詩文作品成爲台灣文人創作傳統文學的主流地位。明朝永曆十四年（西元 1659年）太僕卿沈光文先生欲由閩中移居泉州，途中忽遇颱風，飄流至台灣，寓居在羅漢門（高雄縣內門鄉）乃隨遇而安，設帳教授番徒，復濟行醫，著有《文開詩文集》，成爲台灣文獻之始祖，後曾與宦遊宿儒季麒光等，結成「東吟社」爲台灣詩社之始，連橫先生在《台灣通史》中云：

> 台灣三百年間，以文學鳴海上者，代不數睹，鄭氏之時，太僕寺卿
>
> 沈光文始以詩鳴，一時避亂之士，眷懷故國，憑弔山河，抒寫唱酬，
>
> 語多激楚，君子傷焉。〔註1〕

台灣古典詩作品，無論眷懷故國，吟詠遣懷、描述自然、風土，均在引起讀者之共鳴。自永曆十九年陳永華先生建請鄭經於承天府設置孔廟，並設學校於明倫堂，重新開啓推廣教化，培育人才之規模，同時各社也設義學，聘請中土之教師，以教子弟，一時文風蔚起，於是宦遊台灣文士及本土人士均有所吟詠。因初入台灣，對台灣之颱風、地震、自然風景，寫作頗有可觀，正是吾人引用相關台灣古典詩中，自然寫作研究最佳的材料。

〔註 1〕連橫《台灣通史》，台北眾文圖書公司，1975，頁 69。

第二節　「自然」的定義及歷代自然詩寫作

　　「自然」的定義，從《老子》第廿五章：「人法地、地法天、天法道、道法自然」〔註2〕，道家思想崇尚自然。梁劉勰：《文心雕龍》〈原道篇〉：

　　　　心生而言立、言立而文明、自然之道也。〔註3〕

〈明詩篇〉又言：

　　　　人稟七情，應物斯感，感物吟志，莫非自然。〔註4〕

劉勰推論人文之源在於「自然」之道，更因「自然」而產生創作感物之活動，在「自然」意涵二種的表達中，「自然」為形上的哲學領域，自然的境界是人類追求的最高境界；而相對的意涵，是「自然」界中的自然物。由此我們的自然寫作，乃在文學的創作中以文學的本源論、創作論及批評論來建構，而所欲架構文學理論乃在用「自然」界中的自然物來加以評論。

　　「自然」一詞由先秦道家開始，老子的「道法自然」〔註5〕，又言：「道之尊，德之貴，夫莫之命而常自然。」〔註6〕，莊子強調自然無為，〈應帝王篇〉中：「汝遊心於淡，合氣於漠，順物自然而無容私焉，而天下治矣。」〔註7〕，又〈德充符〉中：「吾所謂無情者，言人之不以好惡內傷其身，常因自然而不益生也。」〔註8〕自然界中的自然物觀可遠朔自老莊的「自然觀」。

　　魏晉文論中側重的事物本性美中的「自然」，較偏向於宇宙規律中的「自然」，顯然與老莊所言的生命境界中的「自然」大不相同，本文言及台灣古典詩中的「自然寫作」中的自然，側重在詩人內在意志的心靈主體，因思想觀念常主導著人類的態度和行為。於初民時期，生存倍受威脅，對大自然充滿畏懼與崇拜，對自然山川與動植物均帶有濃厚的權威性與神祕性，進而產生與宗教信仰的結合，更有強烈堅固的崇拜和敬畏。後來，隨著經驗不斷的累積，形成知識與智慧，長期的克服困難，使人類瞭解可以自我主宰，於是在大自然的籠罩及宗教的權威中走出，漸漸形成倫理道德的自我要求。人對自然的看法日漸有所改變，並能瞭解自然，融入自然，以為

〔註2〕吳靜宇《老子義疏註》，高雄大眾書局，1979，頁238。
〔註3〕劉勰《文心雕龍》，台北學海出版社，1977，頁1。
〔註4〕同上註，頁65。
〔註5〕吳靜宇《老子義疏註》，高雄大眾書局，1979，頁388。
〔註6〕同上註，頁388。
〔註7〕郭慶藩輯《莊子集釋》，高雄復文書局，1979，頁294。
〔註8〕同上註，頁221。

生命安頓的所在。

　　孔子在《論語》〈雍也篇〉：「智者樂水，仁者樂山。」〔註9〕即開始將人之性情品德移注於山水之中。自然常成為人世間，情意與道理的比附說明的資源。孔子所言：「智者動，仁者靜，智者樂，仁者壽。」〔註10〕，彰顯不同的生命特質，將自然加以人格化，而很少人將「自己」自然化。因此「老莊思想中主張復歸自然，一方面以心靈來超越自由，另一方又居於山水自然中的至人、真人、神人來表示逍遙境界……」〔註11〕，自然山水成為人民生命安頓之所在，自然更是人生的嚮往。由此藉山水以化鬱結，在這和逍遙自在中的悠閒的心情去欣賞自然，在體會自然之美，便進入人的心靈中，人開始把自然山水之美當作獨立完整的欣賞，更有藉景生情，傳達自然觀點，並對文學義理會通瞭解，尋出探索管道來窺探。

　　魏晉以前，人與自然界親近和諧之關係，是出自於人化力量，以人為主而山水僅是人為彰顯人的情思理念，尚未形成一種藝術之美的欣賞對象，更非人之心靈安頓的力量。魏晉之後也因玄學之盛行，為超越世俗之羈絆，能夠自由自在發揮自己的看法及想法，藉由山水之自然生活的引介，使人寄託山水，能終年與山水為伍，遠離人間，遊山玩水，飲酒作樂，呼嘯山林，此雖為隱逸者，也在社會上隱然成風，蔚為風氣。在逍遙自在中去欣賞山水自然的美，人們已將自然山水當作欣賞的對象。

　　《世說新語》〈言語〉第二：

　　　　顧長康從會稽還，人問山川之美，顧云：千巖競秀，萬壑爭流，草
　　　　木蒙籠其上，若雲興霞蔚。〔註12〕

從「山巖競秀，萬壑爭流」中，欣賞山川之美感時，能夠感悟出那種自然界給予的靈秀之氣，激越的活力，從「競」與「爭」中，動態之力的呈現，具有和大自然至為融入，由「若」字點出由主體之情意產生創意之活動，使文中有美意的境界呈現而出。

　　王羲之〈蘭亭集序〉

　　　　此地有崇山峻嶺，茂林修竹，又有清流激湍，映帶左右，引以為
　　　　流觴曲水，列坐其次，雖無絲竹管絃之盛，一觴一詠，亦足以暢

〔註9〕　《論語》〈雍也篇〉，四書纂疏，台北學海書局，1977年，頁210。
〔註10〕　同上註。
〔註11〕　侯迺慧《詩情與幽境》，台北三民書局初版，1991頁67。
〔註12〕　劉義慶《世說新語》，台北三民書局，1996，頁108。

敘幽情。〔註13〕

以大自然中之「崇山峻嶺、茂林修竹」之實景中，探究生命中的欣欣向榮，而立「流觴曲水」中帶出自由流動，游觀無礙當中，「暢敘幽情」，點出內中胸臆懷抱的馳騁遨遊之樂。的確在東晉之時空，爭戰的紛亂，遁世避俗，尋求心靈的蔚藉中，「情隨事遷」，快意的滿足，美的觀照，像王羲之能享受到與自然和諧相遇的滿足，在那峻嶺、修竹、湍流中均是美的欣賞觀照之對象。

唐代自然觀中對於人與自然關係有明確的肯定，唐代大自然田園、山水詩的描寫曾成為唐詩的主流之一，其中又以王維、孟浩然之山水田園詩作最具代表。由於盛唐社會安定，經濟繁榮，優渥的物質環境，帶動朝野百官有「別業」進入山水、田園中的享樂。思想上受佛、道的影響，如政治有所挫折，就會退居田園，悠遊山水，形成趨向自然之心有「座觀萬象化」「日與道相親」〔註14〕，追求園林之生活，以蔚為當時之風尚，另欲走「終南捷徑」是當時流行之風氣，科舉與隱逸人士同為進入政治舞台的捷徑。如孟浩然前半生一直隱居家鄉：「救患釋紛，以立儀表，灌蔬藝竹，以全高尚」〔註15〕，更曾到東漢隱士高士龐德公，隱居過的鹿門山隱居，如此做的目的，在於吟詠高潔情懷，製造聲望，吸引朝廷及地方官員的注意，以達到踏入仕途的捷徑。

同時唐代儒、釋、道三教自由發展，形成積極用世與消極避世的思想並存，「達則兼濟天下，窮則獨善其身」同時也導致了不少知識份子思想上無所羈絆，經視禮法，追求曠達之生活，或是逃避世俗頓入禪境，或尋仙訪道，徜徉山水，自然曠達的心境出現。王、孟繼承了陶詩的恬淡，對謝靈運等開創山水幽勝的詩境中，澄澹精致的風格，描寫眼前常境，攝取自然界的生機與意趣，情景交融中，把自然之美在唐詩中又推展到新的境界。

宋代詩重義理，有言理不言情之說，在情韻方面，有不如唐詩之處，而因宋代理學影響詩壇創作，避開典雅華麗的雕鏤，走向散文化的明白淺顯，各種議論的發揮成為宋詩的特色，在自然詩的寫作上較難形成詩風，但在西湖的林和靖處世，卻是個異數，當時梅妻鶴子的西湖盛景中，吟詠出那平淡自然的詩句，已成為自然佳構。

林和靖之〈雜興〉：

〔註13〕王羲之〈蘭亭集序〉，台北三民書局古文觀止，1989，頁361。
〔註14〕陳子南：南山家園林木交映盛夏五月幽然清深獨坐思遠章成《十韻》卷84。
〔註15〕王士源〈孟浩然集序〉，頁13。

湖上山林盡不如，霜天時候屬園盧。

梯斜晚樹數紅柿，筒直寒流得白魚，

石上琴尊苔野淨，籬陰雞犬竹叢疏，

一關兼是和雲掩，敢道門無卿相車。〔註16〕

字裏行間表現出自然樸實的生活及那「與世無爭品自高」的德行，林和靖那膾炙人口的〈梅花詩〉：

疏影橫斜水清淺，暗香浮動月黃昏。

雪後園林纔半樹，水邊籬落忽橫枝。〔註17〕

詠物詩中的自然創作，卻缺少轉變風氣的積極性，也無法形成宋詩的主流路線，然而宋詩中自然寫作部份是十分豐富的，散文化的文體影響宋詩寫作，雖在詞的強大壓縮下，蘇東坡、王安石、歐陽修、黃庭堅、陸游等人，波瀾壯闊，變化多端，如行雲流水一般卷舒自如，使得自然神韻流露。

蘇東坡〈惠崇春江曉景〉：

竹外桃花兩三枝，春江水暖鴨先知。

蔞蒿滿地蘆牙短，正是河豚欲上時。〔註18〕

跳躍著自然界的活景，將春江曉景寫得栩栩如生，緊抓住自然界的景物特點，使得春江一景呈現出亮麗活潑的自然意象，自然之摹刻，由此跳出。

陸游入蜀的溯長江而上，沿路徜徉山水名川，以其實際體驗，寫出對秀麗山水之感受，受田園、山水自然景物的樂趣，擅長描寫自然界，其擁有熱烈感情，發之於情，頗具豪宕奔放的風格，雖寫自然，但用於猿鳥悲鳴、天風江浪、草草中原、憑弔傷今，常出現情景交融之人道及愛國主義思想之陳現。

陸游〈柳橋晚眺〉：

小浦聞魚躍，橫林待鶴歸，閒雲不成雨，故傍碧山飛。〔註19〕

獨立呈現一幅，池林、雲山之自然景色，給予一份小品的溫馨活力，自然界和諧之意味，涵蘊於詩中。

〈毛詩〉序云：

〔註16〕姜濤《中國文學欣賞全集》，台北莊嚴出版社，頁 7509。

〔註17〕劉大杰《中國文學發展史》，台北華正書局，1977，頁 652。

〔註18〕徐績選注《蘇軾詩選》，台北遠流出版公司，1996，頁 164。

〔註19〕高步瀛《唐宋詩舉要》，台北學海書局，1986，頁 786。

　　　　詩者，志之所之也；在心爲志，發言爲詩。〔註20〕

詩中常藉景表情，自然詩中常藉自然景物來表達內心的情意，毛詩序中言及
在心爲志，發言爲詩，乃有情與景中，更表現出意境而來，「情動於中，而形
於言」，乃提出抒情爲心志之作用，尚書：「詩言志，歌永言」。宋代之嚴羽以
禪論詩，使詩有於重情趣，而主「妙悟」，但至明代有復古之風盛行，明史中
稱李夢陽提倡：「文必秦漢，詩必盛唐」，但此種崇古之道，很容易淪入模擬、
抄襲的泥沼，因此明代李夢陽又主張：「詩者天地自然之音也。」〔註21〕，其
自然之主張乃是一種平樸及和諧之意。

　　宋代楊萬里師法自然，詩風形成自己獨特之風格，其創作文字活潑自然、
融入口語、俚語，具想像力，擅長捕捉自然景物，加以擬人化之寫作，使詩
中能生動而有新意。

　　楊萬里俏皮新穎的筆調有如〈戲筆〉：

　　　野菊荒苔各鑄錢，金黃銅綠兩爭妍，

　　　天公支與窮詩客，只買清愁不買田。〔註22〕

詼諧風趣中帶出自然詠物都有所諷刺，詩意清新盎然，讀來了然於胸壑。

　　明代詩文由開國大老劉基首創寫景幽秀後，承繼著自然寫作詩亦是不
少，劉基詩作，以古樸、豪放見長。

　　劉基〈感懷〉其三：

　　　結髮事遠遊，逍遙觀四方，天地一何闊，山川杳茫茫，眾鳥各自飛，

　　　喬木空蒼涼，登高見萬里，懷古使心傷，竚立望浮雲，安得凌風翔？

　　　　〔註23〕

由自然景物，藉景懷古，到情緒滿懷之感傷，反映現實，其詩溫柔敦厚，清
新脫俗，頗有自然寫作之風味。

　　接著明詩眾家並起，台閣與茶陵詩派競秀，前後七子的擬古運動，抒發
性靈不拘俗套的公安派到竟陵的追求「幽靜單緒」和「孤行靜寄」，結果卻無
法達到「樸素幽眞」的境界。到明末詩文卻產生了許多山水園林小品，自然

〔註20〕盧景商《毛詩序》的詮釋系統及價值問題，輔仁大學學報第十五集，1999.10，
　　　　頁203。
〔註21〕盧景商《毛詩序》的詮釋系統及價值問題，輔仁大學學報第十五集，1999.10，
　　　　頁203。
〔註22〕王忠林等《中國文學史初稿》，台北福記文化出版，1985，頁654。
〔註23〕同上註，頁875。

寫作受到十分重視，延續對破碎山河的一份依戀懷舊的寄託。以明末阮大鋮
門生鄺露一首〈洞庭酒樓〉為例：

> 落日洞庭霞，霞邊賣酒家，晚虹橋外市，秋水月中槎，
>
> 江白魚吹浪，灘黃雁踏沙，相將楚漁父，招手入蘆花。〔註24〕

自然詩作中常有清妙脫俗，不食人間煙火之味十足，而魚吹浪與雁踏沙，在
那烽火之際，暫得心靈之解脫之層面。

　　中原板蕩，明鄭發兵赴台，金門盧若騰〈島噫詩〉最能表達抗清復明，
捍衛國土之況，〈島噫詩〉中「小引」云：

> 詩之多，莫今日之島上若也。憂愁之詩、痛悼之詩、無所不有，無
>
> 所不工。試問其所以工此之故？雖當極愁、極憤激之時，有不自禁
>
> 其啞然失笑者，余竊恥之！島居以來，雖屢有感觸吟詠，未嘗作詩
>
> 觀；如痛者之呻，哀者之哭，噫氣而已。錄之赫蹏，寄之同志」。異
>
> 日有能諒余者曰：「此當日島上之病人哀人也」。〔註25〕

當日兵荒馬亂，政局不穩，人心惶惶，更為文人帶來莫大震撼，於是有「台
灣萬里外，此際事紛紜」慌亂之感，而時代變化中，台灣古典詩詞正記錄這
個紛亂的時代而成為詩史。連雅堂自少年時期即有志於編纂歷史之工作，而
當《台灣通史》撰寫完成後，繼續編輯《台灣詩乘》，乃意以「詩史」來彌補
通史之不足。

　　《台灣詩乘》連橫自序曰：

> 《台灣通史》既刊之後，乃集古今之詩，刺其有繫台灣者編而次之，
>
> 名曰《詩乘》，子輿有言，王者之迹熄而詩亡，詩亡然後《春秋》作，
>
> 是詩則史也，史則詩也，余撰此編，亦本斯意。〔註26〕

連雅堂先生藉著《詩乘》來達到以詩補史的目的，更仔細來採擷，選錄各
家詩集及編排，同時也獲得無數的啟發。對於明末以來所發生的戰役，及
當時風俗民情之詩均一一收錄，有關各種自然現象、黑潮、颶風、地震、
海吼及各地景觀之陳現更是此研究之重點。雅堂在詠花木、大自然之景物
及其他動植物詩時，均能顯現物象精神，借物暗喻，或烘托入情，或發抒
國論，融入詩情，皆非純以自然寫詩。今探究古典詩之自然寫作，將以對

〔註24〕同上註，頁920。

〔註25〕盧若騰《島噫詩》，南投台灣省文獻委員會出版，1994，頁3。

〔註26〕連雅堂《台灣詩乘》，南投台灣省文獻委員會出版，1992，頁3。

自然寫作的吟詠，渡台海峽中之悲歌，及台灣各地八景的寫作張力，來彰顯對這塊土地的認識與認同，由對台灣自然風物之描寫中，能夠深入探討居住台灣文化的內涵，也帶動對台灣整個島嶼的關注，斯土斯民，我們長在這塊土地上，對此能有深入的認同，乃以台灣古典詩中自然寫作的研究，來瞭解古代及現代對台灣生態研究所留下的痕跡，以及藉自然寫作來論及國事、社會、民間疾苦以為諷誦者，希望能夠深入探討分析台灣古典詩的內涵。

第三節　台灣古典詩的定義及研究範圍

針對台灣古典詩的定義乃在於歷代相承使用漢語所創作的傳統詩，不同於五四運動以來所使用「白話」創作的新詩，同時台灣文學係指先後居住於台灣地區的本島居民，包括有漢語系的閩南人、客家人及其他使用漢語的外省人，和使用南島語族的原住民、平埔族，台灣文學中，有口傳文學及使用文字創作的文學，但書面創作的文學創作，大都以漢語為主，少部份以日文創作者，則以有翻譯成漢語為主為討論之範圍，同時也包括台灣本地及中國大陸來台的遊宦作家，有關台灣古典詩的作品為主，時間以明鄭時期至清領時期（西元 1895 年前為限）。

本文討論範圍以二個時期：（一）明鄭時期（西元 1661 年至 1683 年）（二）清領時期（西元 1683 年至 1895 年）。

明鄭時期所蒐錄之自然寫作詩，其詩中所指地點，各家尚有所爭論，然為存台灣古典詩之真貌，將錄之以待來人確考，求其真。

日據時期及光復後之台灣古典詩，則因探討範圍關係不在本文討論之列。

第四節　台灣古典詩自然寫作釋義

「自然」一詞：辭海解釋（一）猶天然也。《老子》：「人法地，地法天，天法道，道法自然」，今科學上謂凡出於天然，不假人工造作者，皆曰「自然」；如言，自然物、自然界、自然力。（二）無勉強也：《晉書》〈裴秀〉傳：「生而岐嶷，長蹈自然」此言行動，《陳繹曾詩譜》：「謝靈運以自然為工」此評詩文。又如唐李延壽《南史·顏延之列傳》引鮑照語：「延之嘗問鮑照，己與靈運優劣，照曰：『謝五言如初發芙蓉，自然可愛，君詩若舖錦列繡，亦雕繢滿

眼』。」〔註27〕

顏崑陽先生於「自然」一詞提出三點：

一、非人為之客觀物質世界，即一般所謂「自然界」。

二、物物各自己如此之生化或存在。

三、無造作之心靈境界。

而中國所謂「自然」，常指後二義，此二義又非截然無涉，必主體心
靈自然而不造作，然後能觀照物物各自己如此之宇宙自然秩序，而
主體之自然心靈，亦可視為人之自己如此的各觀真實相，故中國思
想上，這主客二義之自然，其終極必合而為一。〔註28〕

「自然」指的是包括宇宙間所有非人為造作的現象，是屬於物質的層次，即為
自然的景物，即大家所指的「自然界」，物物各自己如此之生化或存在，應該是
指「宇宙」的自然，或「道」的自然，「自然」意指「自己如此，不由外力」，
不由外力談道，談心靈的境界，是為抽象的精神層次，即自然意識，這些形而
上的存在，象徵著最高，最值得來追求的境界，「道即自然，自然即道。」兩者
皆被歸為一體。而另一種是指人類自身以外的物質世界，包括整體的自然界和
個別的自然物，那就是外在的世界與外在世界的各種事物。其所指的「自然」
和人類形成相對的名詞，「自然」是不經人的造作，和人類有相互的區隔。

自然一詞，目前學界採取用自然界的「自然」觀點加以討論，乃在於自
然而然，不由外力的意義加以延伸而來。

自然寫作的定義王家祥曾說：

凡以大自然為母體，用優美動人的文句，發人深省的哲思，記錄自
然中的生命型態，人與自然之間或整體的互動……。〔註29〕

王家祥認為以大自然為母體中自然界的寫作而成自然文學，又稱荒野文學，
有保自然之雅趣的意味，同時前人雖未有新時代的「自然生態」科學之觀念，
然在他們實際的生活中，目睹了各種自然生態變化，並用古典詩的傳統形式
來加以記錄，這些文學作品，即是過去台灣自然生態，幾百年來最好的保存
實錄，因此我們有系統的來加以分析探討，對於現今的本島人民，透過文學
的敘寫，去探索過台灣的自然生態現象，更為現代自然生態的參考，可以瞭

〔註27〕唐李延壽《南史》，台北鼎文書局，1976 年卷 34 頁 881。

〔註28〕顏崑陽〈自然〉，《文訊》第十九期，1985 年，頁 310～312。

〔註29〕王家祥〈我所知道的「自然寫作」和台灣土地〉，台灣時報，1992 年 8 月 28
～30 日，19 版。

解過去，以蠡測未來，自然寫作的詩作，更爲日後環境維護及保護生態重要的啓示，以古鑑今，更是最佳的比照。

第五節　台灣古典詩中自然寫作的特質

　　台灣古典詩創作者在明鄭前期，係偶然機會到台灣地區者，因台灣位居中國邊陲地帶，常於「海外有仙山，山在虛無縹緲間」的境界，故能眞正能踏上台灣本土的人並不多。明鄭以前有荷蘭人及其眷屬，爲統治階層，及另一被統治的族群，漢人及原住民，逮及鄭成功遷台後，大量文化人漸漸進入台灣，經營文化，爲台灣古典詩的創作擴展版圖，清朝治理台灣初始，亦以防止事變爲首要考量，派到台灣的官吏大都不想連任，任滿即回，台灣地區俗語：「三年官二年滿」！官府即再遴選來台接替的人選，所以「三年一運，好壞照輪」是當時爲官的心態。因官吏本身負有文化素養，且具教化的任務，更創作許多台灣古典詩。宦遊文學大量的帶動台灣古典詩的風尚，成爲台灣古典詩創作的作者群。

　　明鄭初期在台灣擔任教化的人士，大都是明代的遺民，明末唐山政局變亂，有些人士爲避戰亂而流寓台灣，即設帳授徒，推展台灣文教，如沈光文以對文化的喜愛，初結茅羅漢門後再流寓到台南永康新化一帶，與季麒光設東吟社於嘉義，成爲台灣文學的始祖。

　　盛成曾云：

> 台灣之教育，實始自沈公教學蓄社始，繼荷人而教以漢字也。而台灣之文獻，始於沈公之台灣輿地圖考，成於荷治時代。台灣之賦，始于沈公之台灣賦，亦當起草於荷治時代，成於延平之死後。台灣之詩始于沈公之寄跡效人吟，亦成於荷治時代。〔註30〕

明代遺臣陸續到台灣約有八百餘人，其對台灣文教影響可想而知，連雅堂先生於台灣通史中曰：

> 台灣當鄭氏之時草昧初啓，萬眾方來，……我民之奔走疏附者兢兢業業。〔註31〕

〔註30〕龔顯宗編《沈光文全集及其研究資料彙編》，台南縣立文化中心，1999年，頁266。

〔註31〕連雅堂《台灣通史》，台北幼獅文化公司，1992年，頁479。

社會教化事業，終有人大力推行，台灣古典詩中創作紮根之工作後，於清朝治理後，本土科舉的出現及台灣開拓中必須有人力來執行，因此官吏、士紳、商人、通事、墾戶漸漸的聚集，整個社會的結構也越加緊密。有經濟能力者必須招募經師開班授徒，以培植後進，由科甲管道而提高到士紳的階層，文化也漸漸由其中不斷的湧入，美國學者 Prasenjit.Duara 提出權力文化網（culture nexusof power）〔註32〕此種多層次等級的組織由家庭、小集團，到整個官府中，有地方士紳，有官方組織，導致整個社會結構出現權利的文化圈，再加上科舉引導鼓勵，詩的創作綿綿不斷而出。

對於台灣古典詩自然寫作在地域上，及創作素材，表達形式上均有許多獨到的特質。尤其是台灣歷經史前時代、新、舊石器時代的文化層，考察古藉中所載之台灣，至有正式文獻記載的荷治明鄭時期以來，透過文學的記載，來探索過去台灣的自然生態現象，更能夠映出歷史的走向，及台灣古典詩在自然寫作中獨有的特質。

台灣本就被西人讚美 稱爲美麗之島（Iluha Formosa），《史記・秦始皇本紀》：

> 海外有三神山，名曰：蓬萊、方丈、瀛洲仙人居之〔註33〕

「蓬萊」「瀛洲」被視爲神仙所居的地方，而由內地來的文人常將台灣視爲蓬萊、瀛洲，例如林黎先生曾撰《蓬壺擷勝錄》，描寫台灣各地之風光。各地來台官員驚喜的看到台灣美麗的自然現象，其詩作將台灣視爲「仙島」，如姚瑩（台灣知縣）著：台灣行

> 生平常怪方士言，蓬壺方丈瀛海間，
> 謂是大言誕人主，世豈眞有三神山？
> 幾年入宦來台灣，東過滄海窮烟瀾。
> 扶桑枝紅掛朝日，珊瑚樹綠充庭藩。
> 澎湖時時出琪樹，高者盈尺聲璆然。
> 四時花榮開未歇，夏梅春桂冬桃蓮。
> 長年暄暖無霜雪，老死不著棉裘氈。
> 山中之人木末處，下者亦在蒼崖巓。
> 食無烟火況炊爨，男女赤足垂雙環。

〔註32〕江寶釵《台灣古典詩面面觀》，台北巨流出版社，1999年，頁36。
〔註33〕司馬遷《史記》，台北藝文印書館，二十五史乾隆武英殿影本，頁123。

　　頒律不到周夏正，豈有隸首窮其年？

　　洪濛以來到唐宋，不與中國人過船。

　　漢初尚未開閩粵，此乃荒島盤雲烟。

　　或者昔人偶泛海，飄風一至疑神仙。

　　愚民自誤誤世主，妄思人可壽萬千。

　　豈知世界有此境，但無藥草能朱顏。

　　若令皇武在今世，不待晚歲憬然翻。

　　我爲此歌傳世俗，沈迷聊破千年關。〔註34〕

台灣自然界風光令人嘆贊爲人間仙境，其「世豈眞有三神山」的驚嘆到「四時花蕊開未歇」之「恒春世界」，到「飄風一至疑神仙」，乃謂自己尚在神仙境界，「豈知世界有此境」終於肯定自己來到仙境中，台灣景色絕美在詩中已充分道出。

　　台灣古典詩自然寫作中，有以舒放自如的樂府歌行體來寫出山的恒靜、雲的湧動、水的潺潺、石的蟄伏。今特將其特質分述如下：

一、發展的詩體形式以古風、排律、五七律、樂府、竹枝、絕句等，三言、五言、七言及自由體的展現

　　在台灣古典詩自然寫作表現中，詩體的形式是多樣化，其中雖有不同年代，以作者各自創作形式大不相同，郁永河《裨海遊記》中常以竹枝詞表達：如

　　台灣西向俯汪洋，東望層巒千里長；

　　一片平沙皆沃土，誰爲長慮教耕桑。〔註35〕

以竹枝詞的形式來表現台灣之西面臨大海，而東部則層巒疊翠，爲原住民之所，山外平野沃土，少人居住，原住民耕耘稼穡技術差，地未能盡用，沈光文用七律來表現，題爲：〈郊遊分得青字〉：

　　和風催我出郊去，好鳥還宜載酒聽，

　　草色遙聊春樹綠，湖光倒映遠峰青，

　　歌喉潤處花初落，詩韻拈來醉欲醒，

　　逸興強尋豁日處，頹然獨立望滄溟。〔註36〕

〔註34〕陳漢光《台灣詩錄》（中），南投台灣省文獻委員會，1984年，頁602。

〔註35〕郁永河《裨海遊記》，南投台灣省文獻委員會，1996，頁15。

〔註36〕施懿琳《全台詩》（一），台南國家台灣文學館，2004，頁59。

此詩前三聯極聲色之美，令人心曠神怡，而後卻急轉直下，有興盡悲來的感覺，首聯春日自然界的生命力催動了遊興，而邊喝酒，邊聆賞鳥鳴來訴說春景之美，而第三句有視覺之美，對仗工整的七律，來展現草原、樹綠、湖光與青峰相映，相互呼應寫活了人與景色的互動，末聯再加入醉欲醒來探討強顏歡笑後，大海阻隔回鄉之路，形成成喜樂與鄉愁強烈的對比，郊遊有自然美景，抵不夠濃烈的鄉愁，也寫出了流寓在外的心情。

許光祚〈橫海歌〉

> 東不羨橫海，長鯨血際天，西不羨羌蝥，深入清八千。成功論略後論戰，洵哉巧速仍巧全。將軍經略受太史，行間首功不挂齒。東海大瀛在腹中，神武誰人窺顧指。倭奴鼾鼻蕃界東，東溟如席朝不崇。訣家那問中丞檝，一葉自駛經颶風。勵如轟雷止如聞，赤毛市舶知巨測。單騎居然郭令公，片言狡黠旋飛匭。自從束髮事請纓，碧眼虬髯一世驚，手搏名王渡遼海，略閩控粵馳鴻聲。當時入蕃眾囁指，兩臺按劍叱裂眥，一朝捷聞至朝廷，至尊遽問誰氏子。即今坐鎮閩粵中，輕裘緩帶佳賓從，江心醉賦三更月，超距爭期一戰功。士爭一戰不可得，旌旆悠悠還故國，歸來濟美皆公侯，後先一日聲名赫。將軍玄髮娛丹顏，擐甲穿楊談笑間，豈謂太平安用武，應知砥柱望於山。呫嗟時事重西顧，青海玉關聞跋扈，赤書白羽日夜來，高臥豈是將軍素。雄心一片在當今，當今於我赤有心，夜看白虎三星下，橫行指日陰山陰。關西老生如椽筆，泉飛萬斛隨地出，眼前肝膽又何人，看我高標題崒嵂。〔註37〕

詩中慷慨陳述，以前四句為五絕，後為古風論詩，其如快速行板，將橫渡台灣海峽及其明鄭事跡，擁千鈞萬馬奔騰筆勢，以自然寫作為起點，內容論述戰略馳騁，策馬入蕃征戰之功，表現期待得勝回鄉封侯，內心翻騰，充滿期盼。

鄭經以五言排律表現〈春興〉

> 萬里雲煙合，輕絲細雨飄，芊芊河上草，裊裊新柳條。
> 爭紅桃杏樹，花葉盤枝嬌，百川奔綠海，清波出處遙。
> 杳渺長天際，浮沉一漁船，日暮雲邊轉，欸欸不停橈。〔註38〕

〔註37〕陳漢光《台灣詩錄》，南投台灣省文獻會，1984，頁19。
〔註38〕施懿林《全台詩》（一），台南國家文學館，2004，頁79。

將春景雲雨景物，配合新芽花綠，寫得清新脫俗，自然美景宜人。而後半段乃用心情寄託一漁舟，來表白自己曠野心境，天際中日暮雲邊，有長長的內心托付自然無法自己。章甫以五絕展現自然詩〈瀑布〉

> 石壁倒飛泉，千尋白練續，銀河落九天，終古山流玉。〔註39〕

短短二十字形容瀑布一瀉千里，如銀河落地，似青山流出翠玉，視覺十足效果展現，色彩雖用平常話，飛泉、白練來形容，但傳神之作溢於言表。尤如畫畫中濃淡相互搭配各有不同的美出現，而且美得質樸自然雅緻。詞淡絕美，有洗盡鉛華、淡掃娥眉，表現寬廣的心境，澹遠而平和、寧靜。

勞之辨〈海中島〉

> 海中島，各一方，耳無帝，目無王。
>
> 古若茲，況漢唐，勝國末，鄭寇強。
>
> 踞其壞，恣跳梁。乘潮汐，駕帆檣。
>
> 肆擾掠，毒閩疆。皇赫怒，整斧斨。
>
> 命樓船，下扶桑。寇日蹙，乃求降。
>
> 陬兼滋，梯且航。置郡縣，破天荒。
>
> 頁皮幣，賦蔗糖。銷兵氣，日月光。〔註40〕

勞之辨為清康熙甲辰（西元 1664 年）進士，此詩以罕見三言詩敘寫海中島台灣的位置，以台灣史為主軸，由鄭芝龍的佔領台灣地區到經營台灣經過，文字俐落，設計出聲音效果，簡潔有力，讀來聲聲入口，催人意快！喜怒哀樂或奮或鬱，為宣達情意，藉著宏音，嘹亮的平聲陽韻，全詩的推展由遠而近，由古而今，音調的上揚，愈來愈有急迫感，寫出詩中音響，更達成其最後日月同光的圓滿結局，詩體大致濃厚，此少見的三言詩節奏明快，並達到宣示的效果。

二、台灣古典詩有連章的特色

在台灣古典詩中自然創作中，詩人常為單一物種而寫作的對象並不多見，卻出現不同作者同寫一自然物種，用不同角度來創作，彼此間可以互相輝映出詩人的關懷及展現作品的內容，最有趣的是對自然物中如山、雲、雨、風之變幻，鳥獸、草木均有連章出現，並逐篇舖敘，層層推進，這種相互討論的觀點，往往出現意想不到的效果呈現。如

〔註39〕施懿林《全台詩》（三），台南國家文學館，2004，頁 317。
〔註40〕同上註，頁 62。

孫元衡以詠醉十二連章為最具特色：

〈和篠岫次韻元微之詠醉十二篇〉：

先醉

浮生端藉酒為名，坐遣宜城一笑傾。

月正明時花未落，玉山頹處亦多情。

獨醉

一室酣酣瓮牖春，暖風輕似逐珠塵。

有時相勸但孤影，明月入懷吾兩人。

宿醉

領髮不簪行自由，下階拾得舊花籌。

即今相對渾如夢，消盡人間隔夜愁。

懼醉

須省春風料峭寒，幾堪狼藉對杯盤。

簡中清興爭些子，珍重人間夜未闌。

羨醉

忍得朝饑耐獨眠，不憎人不乞人憐。

但能強起仍扶去，最好山中未醒年。

憶醉

洛陽酒會從前事，金谷詩人少後期。

三百青銅隨地數，凌風玉樹早花時。

病醉

癡魂夜共青燈燼，老眼朝慚玉鏡窺。

道是解醒須五斗，扶頭莫避最深巵。

擬醉

一向不沾塵裏事，百般齊付掌中杯。

坐移密樹聽鶯罷，笑逐清風獵蕙來。

勸醉

落來山色雲同泛，送去春寒雪自消。

風月眼前容我在，未應花外問來朝。

任醉

惠山泉水真宜釀，滿載吳船萬里來。

聞道百川怕到海，長鯨捲浪入深杯。

同醉

招來縱浪酒中人，直似陶潛影答神。

莫逆於心相視笑，山花開遍不知春。

狂醉

墨陽斬得愁根斷，消受東皇太乙春。

白水闞風憑策馬，洧盤窮石更無人。〔註41〕

以各種不同「醉」態連章寫出十二篇，篇篇均具有實際的體驗，同時以強烈的情緒，加入個人心中無限的情意，集中火力在「醉」字中，給予極大的特寫，如此不用過多文字加以的詮釋，即可清楚突出的物象表現而出，由「先醉」的藉名，到「獨醉」的悽涼，想到「宿醉」的暫忘鄉愁，到「懼醉」的浪費光陰，「羨醉」中能了卻人間多少煩惱事，「憶醉」中享受前人醉後的美事，「病醉」的痛苦，「擬醉」的情境是美，從「擬醉」到「狂醉」用自然景物的寄託寫法，多層次的描述，以「醉」為中心，事實誇大的特寫，並非為「醉」事，而是一種心境，由第一首「浮生端藉醉為名」即已點出連章中詩意，此種和李商隱《夜飲》：「誰能辭酩酊，淹臥劇清漳。」〔註42〕用整個高昂情緒的畫面，馬上轉移到推辭酩酊一醉的機會，有異曲同工之妙，那「歌殘酒冷，黯然魂銷」的含義在此十四連章中表露無遺。又許俊雅、黃美娥及施懿琳編《全臺詩》中，均編有〈節婦鄭氏詩〉篇章連章十四篇，十四篇〈節婦鄭氏詩〉，又名輓鄭烈婦，其依《鳳山縣采訪冊》〈列女篇〉中記載：

〈鄭烈婦傳〉：

> 烈婦鄭月娘，縣中洲莊人，年十九，歸儒士王曾儒。逾年，儒卒，翁以貧故，欲速葬。月娘乞稍停，願死同穴。翁駴然，囑鄰媼勸之。
>
> 月娘曰：夫病劇時，吾以死許之，義不可移，投繯而死。紳士競輓以詩，知縣宋永清嘉其節，親祭氏墳，區其廬曰「百年今日」，蓋宋輓詩有「百年今日乾坤老」句也。時合葬舊治依里內園路西。〔註43〕

〔註41〕孫元衡《赤嵌集》，南投台灣省文獻委員會，1994年，頁43。

〔註42〕陳永正《李商隱詩選》，台北遠流出版公司，1994，頁137。

〔註43〕盧德嘉《鳳山采訪冊》，南投台灣文獻會，1997年，頁280。

鄭氏烈婦其殉夫，願死同穴，當時貞婦烈女之環境中，令人震撼，當時鳳山知縣宋永清親爲祭奠，其詩曰：

> 繡幕塵生破鏡鸞，一朝春色已凋殘。
> 從容就義冰心苦，慷慨辭親血淚乾。
> 渺渺幽魂隨地下，萋萋芳草泣江干。
> 百年今日乾坤老，一夜西風俎豆寒。〔註44〕

百年今日乾坤老，一夜西風俎豆寒」此句盛讚夫婦能合葬於地下不再分離，令人不勝唏噓。同樣十三家〈節婦鄭氏詩〉：

林華昌作品

> 凄絕香閨忽折鸞，無端玉樹苦摧殘。
> 百年心事夢中託，九轉肝腸哭後乾。
> 蜀魄夜啼霜月冷，湘魂時繞鳳江干。
> 從容一死寧他矢，獨挈綱常萬古寒。〔註45〕

王敏政作品

> 苦節高風重栢舟，輶軒問俗首先求。
> 鬚眉長樂嗤青史，巾幗共姜壯海洲。
> 片石褒名揚矢志，一縑就地快同遊。
> 他年馬鬣松陰滿，應有鴛鴦泣上頭。〔註46〕

陸登選作品

> 琴風凄斷泣孤鸞，霜月驚看花魄殘。
> 勁節不磨天地老，幽懷有恨水雲乾。
> 帷空祇是存冰蘗，鏡破還同折鏌干。
> 含笑九原雙比翼，貞心長徹海波寒。〔註47〕

孫襄作品

> 名家淑女擲芳年，未解三生石上緣。
> 皓月長明滄水面，頹風直挽鳳山巔。
> 豈貪盛節垂千葉，但矢貞心到九泉。

〔註44〕施懿琳《全台詩（一）》，台南國家文學館，2004，頁358。
〔註45〕施懿琳《全台詩》（一），台南國家文學館，2004，頁361。
〔註46〕同上註，頁362。
〔註47〕同上註，頁363。

扶植綱常吾輩事，新詩題遍海東天。〔註48〕

張馹作品

纔度春光年二十，繡幃便失鴛鴦偶。

成仁祇在志能堅，取義從容名不朽。

取義成芳聲傾動侍郎詞。

侍郎詞賦本悠焉，仙女精神自藹然。

阿鄭品同仙女併，嗟余才短鰥生更。

強將斑管指中飛，共勒貞名傳德行。〔註49〕

陳聖彪作品

珠沉玉碎失光輝，皓月貞心鬥雪飛。

慷慨果能酬婦道，從容原欲慰庭闈。

鏡臺夜靜雙鸞渡，華表春深兩鶴歸。

千古精靈應不散，九原含笑伴烏衣。〔註50〕

鄭應球作品

殺身取義古為程，世上浮雲一羽輕。

松栢自能留正氣，楊花終不是芳名。

青絲半縷懸寒月，碧塚雙封弔暮鼪。

今日使君題贈爾，烏衣門巷覺崢嶸。〔註51〕

吳周禎作品

廿載紅顏誓栢舟，霜天皓月耀中洲。

繪來環珮皆生氣，死去綱常屬女流。

早訂雙棲同土壤，肯留隻影度春秋。

尺絲魂斷聲名振，愧殺鬚眉萬古愁。〔註52〕

張士箱作品

慷慨捐軀易，從容全節難。不為忠義膽，偏作女流肝。明鏡悲秋盡，幽雲拂雨寒。風謠傳海內，千古尚相看。〔註53〕

〔註48〕同上註，頁367。
〔註49〕同上註，頁370。
〔註50〕施懿琳《全台詩》（一），台南國家文學館，2004，頁376。
〔註51〕同上註，頁384。
〔註52〕同上註，頁420。
〔註53〕施懿琳《全台詩》（二），台南國家台灣文學館，2004，頁425。

李廷綱作品

臺地產中洲，中洲有女子。鹿馭在王家，鄭也其原氏。伉儷方兩年，
問歲二十耳。雙鳳失其儔，孤鸞悲鳴矣。鏡破不復圓，栢舟用自矢。
此身將安歸，此志實他靡。慷慨辭親言，世人何所比。古來傑者多，
誰能甘一死。從容就義際，千載垂青史。〔註54〕

李欽文作品

雙鳳喈喈戀儔匹，屈指餘生年二十。
恩情兩載重如山，一朝影隻吞聲泣。
涕鵑血淚染鴛鴦，連理枝殘欲斷腸。
冰雪心肝甘自矢，輕生重節植綱常。
數語辭親自厄塞，迴視親顏心轉迫。
高堂勿復念殘軀，薄命殘軀奚足惜。
生別死離在須臾，戚族羅拜皆長吁。
精魂頃刻化天地，斯稱巾幗如眉鬚。
君不見湘竹淚班傳自昔，又不見古來望夫化作石。
以茲寸息付青絲，山爲枯容水爲赤。
吁嗟乎，鄭女節烈耀人間，千載留名垂史冊。〔註55〕

孫日高作品

一死從夫孰頡頑，蓋棺猶著嫁衣裳。
丹心直付冰霜冷，白骨能同日月光。
天上玉樓應有伴，人間巾幗流芳。
塵闇那得留仙種，兩兩精魂依北邙。〔註56〕

張師文作品

欲圖相見在幽冥，月暗風摧痛雉經。
女子一生斯不愧，丈夫千載有餘馨。
全歸節烈還天地，留取光輝照戶庭。
從此貞魂長聚首，寂廖燈火伴滄溟。〔註57〕

〔註54〕同上註，頁35。
〔註55〕施懿琳《全台詩》（二），台南國家台灣文學館，2004，頁40。
〔註56〕同上註，頁55。
〔註57〕同上註，頁59。

三位女性教授編選不同作者之〈節婦鄭氏詩〉，集中形式凸顯高雄市旗津中洲地區烈婦之舉，實驚天地而泣鬼神。而連章的手法，在台灣古典詩中頗為常見，在同時間同一事來創作當時所發生之時事，更能完整來表達溫柔敦厚的詩風，三位選輯女性詩欲表達在男性為主的社會中爭取平權的地位，展露出女性遇強則強之風格，連章的特色在〈節婦鄭氏詩〉作品中有強烈的使命感。

三、竹枝詞成為自然詩表達的特色，並蔚為流派

劉禹錫在竹枝詞并序中談到：

> 四方之歌，異音而同樂。歲正月，余來建平，里中兒聯歌《竹枝》，吹短笛，擊鼓以赴節。歌者揚袂睢舞，以曲多為賢。聆其音，中黃鐘之羽。卒章激訐如吳聲，雖傖儜不可分，而含思宛轉，有《淇澳》之艷。〔註58〕

由於是盛於貞元、元和之間。劉禹錫每到一個地方，能吸收當地民歌民謠譜以新詞並滲揉俚語，使他的詩歌俱有濃厚的地方色彩，內容活潑開朗，後人仿效其體詠土俗、瑣事亦稱竹枝詞，劉禹錫傳誦後世的竹枝詞：

> 楊柳青青江水平，聞郎江上唱歌聲，
> 東邊日出西邊雨，道是無晴卻有晴。〔註59〕

極富情趣的「情」歌，用「晴」與「情」之諧音，具有雙關語的使用讓竹枝詞更有俏皮情趣的發展。

在先秦兩漢時期，地方官吏采詩，太師獻詩，帝王「觀風俗詩」之內容，以為施政參考，清代知縣職責之中也有「勵風俗」需往上呈報：

《清朝通典》卷三十四：

> 平賦後，聽治訟，興教化，勵風俗。凡養民、祀神、貢士、讀法，皆躬親厥職而勤理之。〔註60〕

在台地區游宦人士在書寫采風記聞，或創作詩歌時，竹枝詞就形成大量創作的形式，更由於部份作者參與方志之編寫，採用竹枝詞更為廣泛，孫元衡的詩歌以詠吟自然為主。

〔註58〕梁守中選注《劉禹錫詩選》，台北遠流出版公司，1992，頁72。
〔註59〕同上註，頁62。
〔註60〕清高宗校撰《清冊通典》，卷34，頁2211。

孫元衡《題海邊村落》

> 天南象物正紛紜，瘴雨才過又夕曛，
> 月渚寒山沈白浪，風林冬筍入青雲。
> 巢居泛宅俱成趣，荷鋤施瓜自有群，
> 心憶江鄉無別事，千峰飛雪酒微醺。〔註61〕

郁永河在《裨海記遊》中之〈竹枝詞〉寫得十分貼切

> 不是哀梨不是楂，酸香滋味似甜瓜，
> 枇杷不見黃金果，番檨何勞向客誇。〔註62〕

此首寫番檨（芒果）之竹枝傳神又平易近人，作者曾註：「番檨生大樹上，形如茄子，夏至始熟，台人甚珍之。」〔註63〕竹枝詞之俚俗皆入，平易近人，老嫗可解。在台灣古典詩中自然寫作的形式，形成一種特色。查元鼎為浙江海寧人，因在清咸豐年間到台灣遊幕，後居住在新竹，他在竹枝詞中最喜歡玩「疊字」遊戲，他的著作中有：「草草草堂吟草」，連用三個疊字「草」疊成，頗富逸趣。今觀其作品：〈澎湖竹枝詞〉

之一：

> 「日日」風號「日日」晴，打頭破屋讀書聲，蔡家進士官江右，李孝廉崇太白名。

之二：

> 玲瓏石築矮迴墻，簷下憁開尺許長，能避狂風能避暑，「家家」魚蟹作饊糧。

之三：

> 一笑低頭倚釣篷，阿儂家住嶼西東；往來何必乘風便，潮信「朝朝暮暮」通。〔註64〕

第一首「日日」連疊，寫盡澎湖日日吹大風卻是天天晴天的特有氣象，第二首「家家」以魚蟹等海鮮來做日常糧食，海中食物比陸上作物更容易取得，第三首「朝朝」的運用傳神，敘寫一天兩次的潮水都如期的來到，告知守信必如潮水，希望情人能守信結為連理。藉各種自然的吟詠再寄情於其中。

〔註61〕陳漢光《台灣詩錄》，南投台灣省文獻會，1984，頁163。
〔註62〕施懿琳《全台詩》（一），台南國家台灣文學館，2004，頁225。
〔註63〕施懿琳《全台詩》（一），台南國家台灣文學館，2004，頁225。
〔註64〕陳漢光《台灣詩錄》，南投台灣省文獻會，1984，頁838。

　　乾隆時期孫武水到台灣遊幕，繪渡海圖徵求文士吟詠而負有文名，其〈赤嵌竹枝〉擷錄二首：

之一：

竹枝環繞本爲城，海不揚波頌太平，

滿眼珊瑚資護衛，人家籬落暮煙橫。

之二：

除却風風雨雨天，分裝急喚渡頭船，

深秋播種清冬熟，揀得西瓜貢十員。〔註65〕

開台初期，城牆未設，以竹枝、木柵、綠珊瑚爲牆，以維護安全，在住家周圍以綠珊瑚樹，做爲保護之籬牆，此自然之屏障當時蔚爲風行。「風雨天」用疊字「風風雨雨」天，表達台灣常有颶風出現，急著呼叫渡頭船，欲在風雨之前趕快渡河回家，免得萬丈狂濤起時，無處可逃。

　　丘逢甲於抗日失敗後渡海到大陸，自號滄海君，並更名爲念台，有報秦之志，詩作激昂慷慨，其著《柏莊詩集》中〈台灣竹枝詞〉

之一：

「半種花園半種田，兒家生計總由天，楝花風後黃梅雨，滿地珍珠

不計錢。」

之二：

「竹邊竹接屋邊屋，花外花連樓外樓，客燕不來泥滑滑，滿城風雨

正騎秋。」〔註66〕

丘逢甲用分開疊詞，「半種花園半種田」來起頭，爲詩中「疊字錯落添殊勝」，在竹邊竹、屋邊屋、花外花、樓外樓的疊字創新，運用得巧妙，也充滿活力，由唐詩、宋詞、元曲中疊字的使用屢見不鮮，用自然物來產生疊字的效果，在用字亦奇而韻趣亦雋，成爲竹技詞中表現的特色。

四、自然詩寫作中記錄台灣的豐富物種

　　台灣古典詩中常以詠物娛情寓志爲主，在自然詩寫作中詠物詩中的「物」，常以自然物爲主，因吟詠自然物而爲台灣博物誌中留下許多可貴的記錄。雖然一般文士，常用統合方式來詠物，但在單一物項上，出現難得

〔註65〕連橫《台灣詩乘》，南投台灣省文獻會，1992年，頁82。

〔註66〕連橫《台灣詩乘》，南投台灣省文獻會，1992年，頁220。

細膩又深入的觀察，將自然物以不同角度，不同觀點來加以描述，形成台灣古典詩中自然寫作的特色。博物的撰述以多識鳥獸之名的觀點呈現。先秦兩漢中即有《山海經》、《爾雅》到張華的《博物志》，明代本草綱目中列舉的萬物，更是博物的陳列。發展到清代，產生具體的博物觀，范咸在〈木蘭花歌〉中明確說明，以明辨木蘭花與樹蘭的不同。范咸在〈木蘭花歌〉之前記載者：

> 臺之草木，土人多以臆名之。如梨子茇樣子之屬，或無其解，或並無其字。而士大夫之自中土至者，又率先存一索隱志怪之心，不深察物之情狀，雅意附會。其若琪樹之花可接，而若木之枝可攀也。余閱《使槎錄》載：「木蘭花如粟，淡黃，芳似珠蘭。亦名樹蘭」。考《群芳譜》：「木蘭一名木蓮、一名黃心，其香如蘭、其狀如蓮」。白氏《長慶集》云：「木蓮身如青楊，有白紋。葉如桂而厚大，無脊。花似辛夷，內白外紫」。則與《使槎錄》所云花如粟淡黃者迥異矣。蓋樹蘭，自又一種。余所見者，花細碎如黍米。正與《使槎錄》同，而不得謂之木蘭也。又《使槎錄》載貝多羅花云：「大如酒杯，瓣皆在紐，白色。近蕊則黃」。《采風圖考》亦云：「花外微紫內白，近心甚黃。土人但稱爲番花，不知爲貝多羅也」。考《拾遺記》：「貝多葉長一尺五六寸，闊五寸，形似琵琶而厚大」。《寰宇志》：「貝多結實如椰子」。今所見番花，葉酷似枇杷。其長與闊，皆不及《拾遺記》之半，且有花無實。其非貝多明甚。而所云花大如酒杯，則木蘭之似辛夷也。所云外微紫內白，則木蘭之內白外紫也。余細察其幹，有斑痕如眼，則木蘭之如青楊有白紋也。試截其枝，中有黃暈，則木蘭之一名黃心也。至葉如桂而厚大，則更無可欸矣。然則樹蘭非木蘭也，番花非貝多也。既眞知其爲木蘭矣，不可不紀之以歌。〔註67〕

明確考查說明，並根據觀察結果來論出樹蘭非木蘭。並指出土人對台之花木以臆名，而未深入觀察，此舉更可以給後來詩人要深察物之情狀而不再雅意附會，而有明辨自然物之事理存在。同時范咸因編修《重修台灣府志》在其藝文篇中收錄不少自然物詩之作品，以存錄台灣花木，其主張及存錄功不可沒。

〔註67〕施懿琳《全台詩》（二），台南國家台灣文學館，2004，頁260。

朱仕玠爲福建建寧人，乾隆二十八年調任鳳山教諭，於縣署任職期間著
有《小琉球漫志》，凡山川、風土、草木、鳥獸、蟲魚、方言土語與內地不同
者均詳加記錄，其書編有六類，〈泛海紀程〉〈東海紀勝〉〈瀛涯漁唱〉〈海東
賸語〉〈海東月令〉〈下淡水寄語〉，凡十卷，將山川、景物、奇花異實記錄十
分詳實。

朱仕玠之〈瀛涯漁唱〉百首詩中具體說明及詳註之動物、漁產、貝類、
蟹類、花及萬物、水果、外來之水果植物合計的 178 種，文人之創意突破單
一物項，已能有計畫來架構詠物，詠物的對象，也擴及天地萬物，此種獨具
博物觀的論述，更能將自然物加以詳細考察、分類、描述，並分辨其來源。
已脫離前期自然萬品山林臯壤，統爲景觀，以審美之總括，「了然境象，故得
形似」之概念，而對自然物有正確的分類及對待。

後來賴惠川在光緒年間曾以《悶紅詠物詩》，六百四十首，分果木、花卉
等廿五類加以分詠，在台灣古典詩中，因宦遊詩人，驚奇於和內地不一樣之
自然物，而加以深入瞭解物種的外形、性質、特點、功能及作用，用詩歌形
式表現而出，是爲自然寫作之特色。

孫元衡著《赤崁集》中，作品表現出吟詠自然風物，有如《爾雅》，每一
種自然物下必加以腳註解釋，能具體說出自然物的特徵、產地，如〈飛藉魚〉
題目下註曰：「疑是沙燕所化，兩翼尙存漁人伺夜時，懸燈以待，乃結陣飛入
舟中，甚至舟力不勝，滅燈以避。」詩曰：

　　入海微禽能變化，秋來巢燕已爲魚，翻飛應悔留雙翮，誤學燈蛾赴

　　火漁。〔註68〕

將飛魚的習性，寫得傳眞入神，尤以飛魚趨向燈光，用此法捕魚，在蘭嶼達
悟族，自古以來即於夜間點燃火把，以誘魚投入舟中，尙運行至今之捕魚方
法，詩中雖疑爲沙燕所化，是爲當時人自然知識未開，有所揣測，並非沙燕
化爲魚也。

張實居曾在孫元衡之《赤嵌集》序曰：

　　集中之蕃草，梨花海鳥、蟲獸、率《爾雅》《山海經》所遺，管夷吾，

　　張茂先之所問而失對者也。〔註69〕

孫湘南（元衡）爲自然環境中描述當時之自然物保存其形貌貢獻大矣，同時

〔註68〕陳漢光編《台灣詩錄》，南投台灣省文獻會，1984，頁 164。
〔註69〕孫元衡《南崁集》，南投台灣省文獻會，1986 年，頁 1。

將台灣與大陸不同的各種動植物、礦石、山形，自然物之寫作，記錄著不少自然生態，並以內地物種來參證本地（台灣）物種，以古鑑今，啓迪台灣對自然物的學習，此種自然寫作，更爲台灣保存了生物相中最完整的記錄。

五、台灣各地八景詩中的自然寫作特色

自明代時期，中國地區即有八景詩的創作，台灣地區的八景詩肇始於康熙時期高拱乾寫作〈台灣八景詩〉，詩中分別敘寫台灣八景：

（一）安平晚渡、（二）沙崑漁火、（三）鹿耳春潮、（四）雞籠積雪

（五）東溟曉日、（六）西嶼落霞、（七）澄台觀海、（八）斐亭聽濤

八景詩曾被評爲缺乏社會關懷，但在有清時期，文字獄的存在，以及避免直陳時事以免遭禍，乃有些趨於風花雪月的吟誦。其實因台灣風光明媚，宦遊詩人至此，乃詩興大發，有所創作，台灣地處邊陲，來台人士或出於被貶鬱悶，或政務鬆弛而生閒情逸趣之風，於是寫景、記事之詩作出現。八景詩尚有可取之處，今以自然寫作之角度，加以探討。

在八景詩中因擇地之定位，常可由詩中窺出，以當地的自然景觀，再確定地點，可感受其自然條件、天候因素，以高拱乾的台灣八景中：「風微浪不生」「海岸沙如雪」「千盤白雪堆」「長年紺雪在」「天開無際色」「晴霞返照時」「島居多異籟，大半是濤鳴」，此種自然景物之直描，爲實景實情，並得地而知其實況，由遠寫、近觀、有聞、有見、睹物興情、登高吟哦中，將自然山水融入詩中。時而觀照自身，時而融於大地景物之愛，旨趣高雅，同時因景而使詩人創作生命喜悅篇章，也因景色幽麗，使詩人悠遊自得，神筆異趣，融情於景，敘景於地，相得益彰。自然寫作在八景詩中得有其特色，更因自然寫作的眞實傳達台灣之美的視覺，讓我們得以窺探當時美好自然景象，與今相比是否有所差異，由於詩人親自目睹的眞實反應，乃第一手資料，在歷史時刻的見證，化瞬間爲永恒，四百年後的人們，尚可讀出當時的自然景觀，此爲八景詩創作實有其可觀之點。

八景詩創作當時，台灣之大自然景物，處於洪荒原始時期，尚未遭受太多人爲之破壞，所以「存其眞，留其貌」正是四時不謝繁花，岡嶺疊翠，蟲鳴鳥叫之境，給予今人無限遐思，於今台灣此「仙境」又改變多少，相信由八景詩中能比較對照而出，八景詩在自然寫作上當展現不少特色。

第二章　台灣古典詩自然寫作形成因素

《文心雕龍》〈物色〉篇云：

> 春秋代序，陰陽慘舒。物色之動，心亦搖焉。蓋陽氣萌而玄駒步，陰律凝而丹鳥羞，微蟲猶或入感，四時之動物深矣。若夫珪璋挺其惠心，英華秀其清氣，物色相召，人誰獲安！是以獻歲發春，悅豫之情暢；滔滔孟夏，鬱陶之心凝；天高氣清，陰沈之志遠；霰雪無垠，矜肅之慮深；歲有其物，物有其容；情以物遷，辭以情發。一葉且或迎意，蟲聲有足引心。況清風與明月同夜，白日與春林共朝哉！〔註1〕

台灣古典詩中，對自然寫作的形成，具有許多不同的因素，大自然是各種生物賴以為生之依靠，更是人類得以生存的條件，土地、空氣、水源、陽光，無一不是人類生存的重要資源，而自然環境的保護更是決定生物的存亡，台灣雖地處海隅，四周環海，高山峻嶺，原始森林，平疇草美，花樹茂盛，走獸野莽，水族無窮，大自然中帶給宦遊及騷人墨客詩興大發，其四時景觀更吸引文人目光，美好自然景象，自然容易訴諸筆端。

　　文人對周遭地形、物品、景觀、陽光、海象……等，常有觸動興感的作用，人常會隨境心緒產生波動，台灣為景觀美麗、四季如春，春景更易動人情懷，心靈受到搖蕩，則感興更多，同時豐富的景象，隨著四季之變化，隨著人事的遷動，尤其宦遊在台的人，對於時間的移動，空間牽動而離開原有的故鄉，離別了親人及離群的孤寂，作品常會源源不斷而出，在空間與時間意識強烈作用下，碰到節慶「每逢佳節倍思親」，那種反觀自身，興起個人與他人的評比，所造成的愁緒往往是無法抑制的，更為形成寫作的主因。今我

〔註1〕劉勰《文心雕龍》，學海出版社，1977，頁693。

們從觸景生情中，在大自然四季的變化裏，詩人面對種種自然景物，已置身其中，忘知亦忘己，融入景中，忘掉身處的世俗紛擾，呈現虛靜之心以景相遇，此時誠如《莊子》〈養生主〉所云：「以神遇而不以目視」〔註2〕，此時詩人的意象浮現已不是某一特定具體的藝術對象，而是融入了整個宇宙世界中，顯現出「天人合一」的境界，也是一種由經驗轉化為超心靈面對景物，從煩瑣的生活經驗走向藝術化美感的境界。如陳書〈虎巖聽竹〉

> 虎岫居然象虎成，巖間多竹医幽情，
>
> 此君日與山君對，嘯谷風從嶰谷生，
>
> 僧院時聞無俗韻，遊人坐聽有清聲，
>
> 白沙形勝誇雄踞，況復千竿憂玉鳴。〔註3〕

清道光年間寓居彰化「螺青書屋」的陳書，由聽竹的自然景物中，感懷谷風吹動巖竹，產生曼妙清音，而僧院中的高僧聽其竹中相互摩擦聲，其心境已無「俗韻」的雜音，已為昇華為幫忙耳根清靜的「清聲」，其境界已油然而生，「此君日與山君對」，形成「人」與「竹」與「山」三者之間，相互照映成趣，自然之景，已脫離實景，而在主客的參贊之下，「人」已分享了自然景境的一切，將原原本本的現象呈現，能無心隨化，如見道心，已把平實的生活經驗，轉化成生趣盎然的美感世界。

司空圖《二十四詩品》稱為實境，其實是自然界的直敘描寫。其云：

> 取語甚直，計思匪深，忽逢幽人，如見道心，晴澗之曲，碧松之陰，
>
> 一客荷樵，一客聽琴，性情所至，妙不自尋，遇之則天，冷然希音。

〔註4〕

在實境中取用景物常存其真，自然寫作中，往往在實景中得以保留，雖詩人常藉實景中去表現自己的道心，如「忽逢幽人，如見道心」，但他在「晴澗之曲，碧松之陰」，已為我們留下了「晴澗、碧松」的實景，欲取自然寫作的材料，則已有足夠「軌跡」可尋，「實幻」之間，更能有所取捨。

自然寫作的發展，自《詩經》即有普遍的描述：如〈周南〉〈桃夭〉：

> 桃之夭夭，灼灼其華，〈小雅〉〈采薇〉：昔我往矣，楊柳依依；
>
> 今我來思，雨雪霏霏。〈秦風〉〈蒹葭〉：蒹葭蒼蒼，白露為霜〔註5〕。

〔註2〕黃錦鋐註譯《莊子讀本》，台北三民書局，1977，頁77。

〔註3〕施懿琳《全台詩》（四），台南國家台灣文學館，2004，頁245。

〔註4〕司空圖《二十四詩品》，清流出版社，1972，頁33。

〔註5〕朱熹《詩經集註》，台南北一出版社，1973，頁4。

自然寫作美麗詩句的呈現，使景物頓現在眼前。自然寫作常是詩人出遊描寫的主要目的，更是吟詠的焦點，也是文人自娛娛人的根源，自魏晉南北朝時代的山水詩，唐朝的田園詩均為那時代詩作創作的主流，晉、唐文人追求自然山水生活的實踐，造成了社會深遠的影響，司空圖「二十四詩品」的「超以象外」之意境，反能以自然寫作中情境交融下最妥善的註腳，更啟發了後世園林的興盛，營造自然的居住環境，導引另一種喜愛自然的寫作。

郁永河在《裨海遊記》中記載：

> 總論台郡平地形勢，東阻高山，面臨大海，自海至山，廣四五十里，自鳳山縣南沙馬磯至諸羅山縣北雞籠山，袤二千八百四十五里，此台郡之大略也。〔註6〕

郁永河的《裨海紀遊》是少見的紀實性遊記，忠實的記載了台灣部份地理景觀及人文現象，尤其對平埔族的記載，至今讀來真是歷歷在目，西部平原及台灣四時天氣、颱風，番俗記載更為詳細，由自然寫作的材料中，更可以相互加以比對，以還原部份真相。今從地形、景觀、天候、社會、文化、政治、詩社等因素來探討台灣古典詩中自然寫作的形成因素。

第一節　自然因素

一、地形因素

台灣地理位置在亞洲大陸陸棚的東南邊緣，時常受到歐亞大陸板塊與菲律賓板塊的推擠作用，在造山運動時，形成一系列的高山隆起地形，屬於地質形成較年輕的褶皺山脈地區。由於高峻的山岳簇擁林立，台灣本島主要的山脈包括中央山脈、雪山山脈、玉山山脈、阿里山山脈、海岸山脈，山脈為南北走向，大致向本島蕃薯地形平行並遍布全島。高度幾達四千公尺，而三千公尺以上的高山有 260 座之多，除海拔高度形成了多樣性垂直氣候帶的變化外，台灣的生態環境、高山環境，因第四世紀初期地殼變動形成的造山運動十分劇烈，山岳地帶經由緊密的皺褶隆起，這種劇烈的造山運動可媲美喜馬拉雅山，台灣的地形因此也擁有「千巖競秀」的立體景觀，並佔有台灣面積三分之二以上，壯麗的景觀，帶給詩人的感動是無限的，形成的人文發展的學術瑰寶，誠如首開台灣文獻之祖：

〔註6〕郁永河《裨海紀遊》，南投台灣省文獻會，1996，頁11。

沈斯庵在《台灣詩乘》〈山居〉之一：

> 戰攻人世界，隱我入山間；且作耽詩癖；誰云運覽閒，松杉生遠影，
> 風雨隔前灣，天路遙看近，歸雲共鶴遠。

〈感懷〉：

> 忽爾春將半，居諸不肯停，新詩縈雪夢，愁思入寒局，同調孚聲氣，
> 時賢重典型，敝廬依大武，遙接數峰青。〔註7〕

沈斯庵漂泊入台，歷經荷蘭時期、明鄭時期、清朝時期，目擊荷治，明鄭之事，著書甚多。此詩言其山居之日子，「松杉生遠影，風雨隔前灣」當時所寄寓的羅漢門為丘陵地區，溪水分隔小山，彎曲流水猶多。在地形高低使它「天路遙看近」，雨中的路忽遠忽近，或遠地看成近身的錯覺，於是歸雲和鶴一齊回來，由地形的變化遠近不同，而形成寫詩的題材，地形成為自然詩形成的因素。

《鳳山縣志》〈形勝〉篇：

> 邑治旗，鼓兩峯，實天生之挺翠；龜、蛇二岫，壯文廟之巨觀。十里
> 荷香，蓮潭開天然之泮水；七鯤漁火，海島列圖畫之藩籬。半屏以嵯
> 峨得名，鳳山以形似志異。勝概殊觀，莫過於此。至若傀儡高峯，近
> 接際；琉球孤嶼，遠映海中。山曰沙馬磯，挺一方之特秀；城曰安平
> 鎮，冠三邑而稱奇。豈非海外之雄圖，亘萬古而不渝者哉？〔註8〕

臚列鳳山縣形勝後又有六景詩的出現：「鳳岫春雨，泮水荷香，岡山樹色，瑯嶠潮聲，安平晚渡，鯤身曉霞。」在宜蘭古稱蛤仔難，三面負山，東臨大海，平原交錯，溪注分流，嘉慶年間吳沙移民開墾，後於嘉慶十五年列入台灣版圖改為「噶瑪蘭」，楊雙梧成為首位噶瑪蘭通判，其著作《東游詩草》中〈度建蘭城公署〉云：

> 背山面海勢宏開，百里平原亦快哉，
> 六萬生靈新戶口，三千田甲舊蒿萊，
> 硃春夜急船初泊，岸湧晨喧雨欲來，
> 浮議頻年無定局，開疆端賴出群才。〔註9〕

宜蘭榛莽未開時代，能將當時背山面海之勢留下影像來，同時展開百里宜蘭平原的開發，那晨喧潮湧的聲音，傳神又歷歷目耳的在眼前展現，三千田甲

〔註7〕連橫，《台灣詩乘》，南投台灣省文獻會，1992，頁5。
〔註8〕陳文達《鳳山縣志》，南投台灣省文獻會，1993，頁4。
〔註9〕連橫《台灣詩乘》，南投台灣省文獻會，1992，頁41。

原來是蒿萊雜草叢生，開闢而來，地形的景觀已浮現在眼前，詩人感興即事的創作是因地形引起創作的主要因素。

朱景英於乾隆 34 年（西元 1769 年）被拔擢為台灣海防同知，又於乾隆 39 年（西元 1774 元）調任北路理番。朱景英〈涉大甲溪〉詩：

> 重巘薄巨溟，谿流赴其壑。建瓴勢敢當，一瀉不餘勺。
> 何年擲山骨，彌望鋪碌碌。迅湍日舂蜑撞，澀滑勿容蹠。
> 跨碕絕本梁，懸絙失代柝。當遠際茲險，徒御困各各。
> 賴有蠻群蜑，頂踵力翹躍。逆掠雪捲濤，敧轉颭迴撢。
> 踰曶達前崖，神志猶錯愕。咄哉大川涉，平生矢無作。
> 履坦幽人貞，安居達者樂。曷弗下澤乘，少游語如昨。
> 所以馬文淵，頭白武谿惡。〔註10〕

郁永河在康熙 35 年（西元 1697 年）四月廿三日渡大甲溪時，恰遇河水暴漲，「行二十里，至溪所，眾番為戴行李，沒水而過，復扶余車浮渡，雖僅免沒溺，實濡水而出也，渡凡三溪，牽相越不半里……」〔註 11〕台灣溪流多季水淺，部份可涉水而過，而夏季雨水暴漲，遇颱風急風驟雨，欲渡河實為艱難，而朱景英之〈涉大甲溪〉距郁永河之時僅約七十年光景，台灣之建設猶未待也，渡河尚是困難重重。所以朱有「何年擲山骨，彌望鋪碌碌」之嘆，的確，「迅湍」的急迫，水流湍急中，使要渡河的人車困頓，「徒御困各各」，幸虧有平埔族之鼎力協助「賴有蠻蜑群，頂踵力翹躍」，頭手並用，「咄哉大川涉，平生矢無作」，走過大川，才無愧來生，此嘆可知渡河之難，今人有橋直通而過，始未能體驗古人涉河之險惡。地形帶給詩人的震撼，竟是平生無憾的感受，地形因素產生的台灣古典詩創作，感受深矣。

清陳夢林於康熙五十五年（公元 1716 年）應聘來台纂修《諸羅縣志》曾寫〈玉山歌〉，其歌曰：

> 須彌山北水晶宮，天開圖畫自瓏瓏，
> 不知何年飛海東，幻成三箇玉芙蓉。
> 莊嚴色相儼三公，皓白鬚眉冰雪容。
> 夾輔日月挂穹窿，俯視眾山皆群工。
> 帝天不許俗塵通，四時長遣白雲封。

〔註10〕施懿琳《全台詩》（三），台南國家文學館，2004，頁 41。
〔註11〕郁永河《裨海紀遊》，南投台灣省文獻會，1996，頁 20。

　　偶然一見杳難逢，唯有霜寒月在冬。

　　靈光片刻曜虛空，萬象清明曠發蒙。

　　須臾雲起碧紗籠，依舊虛無縹緲中。

　　山下螞蟥如蟻叢，蝮蛇如斗捷如風。

　　婆娑大樹老飛蟲，攢肌吮血斷人蹤。

　　自古未有登其峰，於戲，雖欲從之特焉從。」〔註12〕

陳夢林亦撰有「望玉山記」，其描述玉山如下：

　　山莊嚴瑰偉，三峰並列，大可盡護邑後諸山，而高出乎其半。中峰
　　尤聳，旁二峰若翼乎其左右。二峰之凹，微間以青；注目瞪視，依
　　然純白。俄而，片雲飛墜中峰之頂，下垂及腰，橫斜入右。於是峰
　　之三，頓失其二。游絲徐引諸左，自下而上，直與天接；雲薄於紙，
　　三峰勾股摩盪，隱隱如紗籠香篆中。微風忽起，影散雲流，蕩歸烏
　　有；皎潔光鮮，軒豁呈露。蓋瞬息間而變幻不一，開闔者再焉。過
　　午，則盡封不見。〔註13〕

由詩與文對照，文為真實的描寫，玉山之地理位置偏遠，清康熙時期尚無確
實的資料加以佐證，僅為遙望而無實際的踏勘。玉山因常在雲霧繚繞中，本
身也難得一見，是可遇不可求的，充滿著神祕。當得以窺見之時，尤以冬季
皚皚白雪之時，給予文人的震撼力，更是無以言喻，對玉山的聯想更以高原
的隱士來帶出，不為俗塵所沾染，陳夢林用「山莊嚴瑰偉，三峰並列」為始，
對照詩句中「不知何年飛海東，幻成三箇玉芙蓉，莊嚴色相儼三公，皓白鬚
眉冰雪容」幾乎用一樣手法，來描寫玉山冬季白雪覆蓋時的景色，在自然的
寫作中，忠實的記載窺見玉山三百多年來的風貌，其忠實的呈現出玉山的景
色，「帝天不許俗塵過，四時長遣白雲封。」（詩）「俄而，片雲飛墜中峰之頂……
雲薄於紙，三峰勾股摩盪，隱隱如紗籠香篆中。」雲與山之間的情懷，藉著
詩文交互的描刻，將玉山的自然景物刻畫得靈動自如，猶如畫中之景，躍然
紙上。「自古未有登其峰」道出康熙時代，尚無人能登上此峰，「雖欲從之特
焉從？」的無奈，對於地形的阻隔，千山萬水的美景，僅能遠觀而不能褻玩，
文中充滿無限的感慨，訴諸於文中，三百年後尚存其真，地形因素也足以影
響台灣古典詩自然寫作的發展。

〔註12〕周鐘瑄《諸羅縣志》，南投台灣省文獻會，1993，頁269。

〔註13〕同上註，頁259。

二、天候因素

　　台灣地處亞熱帶，又孤懸東海與南海之中，太平洋之邊緣地帶，氣候變化萬千，每年的潮流影響氣候，東北季風吹起，大陸冷氣團南下，諸種因素，形成變化莫測之天氣，除氣溫變化驟烈，高山及平地的差異猶大，自明鄭渡台以來，台灣海峽變化多端的海象，更讓人視爲畏途，橫渡澎湖黑水溝常被視爲壯舉。清乾隆皇帝更特別叮嚀來台的巡撫及官員，應特別注意本身的安全，台灣海峽的湧浪變化，波濤瞬息萬變，天候影響的因素，誰都難以預料。海洋潛藏的危機，更隨著天候的變化而來。渡台的人士，認爲船楫而來，是十分冒險的事。《台灣府志》高志在〈氣候〉章云：

　　台壤僻在東南隅，地勢最下，去中州最遠，故氣候，與漳泉已不相同，大約暑多於寒，恒十之七。鍾鼎之家，獸炭、貂裘無所用之；細民無衣、無褐，亦可卒歲。花卉則不時常開，木葉則歷年未落；瓜蒲、蔬茹之類，雖窮冬華秀。此寒暑之氣候不同也。春頻早，秋頻潦。東南雲蒸則滂沱，西北密雲鮮潤澤；所以雲行雨施，必在南風盛發之時。而田穀之登，歲不能再熟。此雨暘之氣候不同也。四時之風，南颶居多；七、八月間，因風擊浪，檣爲摧、檣爲傾，其濤沙之聲遠聞數百里外。曉東、暮西，風之所自；與中土又大異矣。此風颶之氣候不同也。自府治至鳳山，氣候與臺邑等。鳳山以南至下淡水等處，晝夜東風盛發，及晡鬱熱，入夜寒涼，冷熱失宜。又水土多瘴，人民易染疾病。自府治直抵諸羅之半線，氣候亦與臺邑等。半線以北，山愈深、土愈燥，烟瘴愈屬，人民鮮至。雞籠地方孤懸海口，地高風烈；冬春之際，時有霜雪。此南北之氣候不同也。〔註14〕

四時氣候中，颱風及東北季風影響最大，行船最爲危險，七、八月的颱風「檣爲摧、檣爲傾」，其帶來災害，不但海中行船的困擾，陸上房屋被侵襲破壞，時有所聞，詩人對於颱風所形成的災害更有所描述，不但在台灣海峽中所見及陸上所見所聞，均訴諸於筆端，台灣雖小，但由南而北的氣象不一，「東南雲蒸則滂沱，西北密雲鮮潤澤。」先民的觀察縝密，詩人下筆更多實境描刻。
《諸羅縣志》：鳳山縣令宋永清〈九日羅山遇雨〉

　　蕭蕭風雨度重陽，匹馬羅山舊戰場。

　　白髮漸隨秋色老，黃花空憶故園香。

〔註14〕高拱乾《台灣府志》，南投台灣省文獻會，1993，頁 189。

雲迷古樹千峰遠，霧鎖清溪一水長。

莫酒年年常醉客，爭雄壁壘幾滄桑！〔註15〕

重陽日遇雨，使得詩人在遊古戰場時，那悽風迷雨的場景出現，雲低繚繞古樹，而霧又降臨，鎖住清溪，讓詩人感懷過去往日戰場爭雄壁壘的狀況，天候因素啟動詩人詩興大發意念，動筆留下那珍貴的一刻。實境的自然寫作呼之欲出。《諸羅縣志》〈外紀篇〉云：

> 風將颶而雨，海氣先動，浪激洶湧，聲吼如雷。臺海四圍沙線環繞，巨浪衝擊，吼尤甚，聞數十里。風靜雨霽，猶三、四日未止。縣治離海差遠，颶從東起，殷聲微聞。若起西北，則與郡治無異。海面腥穢，波浪簸騰，一、二日颶風即起，迺天地之氣交逆，地鼓氣而海沸，天風烈而雨飄，故沉舟傾檣也。若海不先沸，天風雖烈，海舟摺蓬，空桅順風勢而馳，同鯤鵬之徒耳。人但知天風之患，不知實地氣交搆而為颶，患始烈也。〔註16〕

颶風形成，翻動巨浪，衝擊海象，能沉舟傾檣，清代造船尚靠風力駛帆以為動力，非今艨艟巨艦，造船之堅固所能比擬，「地鼓氣而海沸，天風烈而雨飄。」整個海面受颶風之侵襲而翻騰，狂濤巨浪的肆虐，大海孤舟，猶如一葉飄浮於怒海，此狀之可怖，非親體驗航海之人所能會意，然由「風將颶而雨，海氣先動，浪激洶湧。」這種駭人聽聞的場面，常可在各種電視記錄篇中得以窺見，風起浪湧，波濤壯闊，潮起淹沒低窪處，沿海即成水鄉澤國，板渚瀾翻，田圃付水，沼圍水漲，作物狂吹，此時陰霾天色黑惡，颶風狂作，疑似鰲龍翻地軸，有如毒蛇腥氣衝，艨艟百艦難行駛，驚濤駭浪阻歸路。在陸地「番社紛紛亂捲茅，竹樹倒披捎半折，耳鼻填沙眼怕開，行人卻走馬蹩足，山溪狂似海波潮，溪水冷於軸頭鐵。」〔註17〕颶風形成為害，給予詩人最直接的感受經驗，為此記錄者實有不少。《諸羅縣志》〈風信〉篇：

> 風大而烈者為颶，又甚為颱。颶常驟發，颱則有漸。颶或發而倏止，颱則連日或數日而止。大約正、二、三、四月發者為颶，五、六、七、八月發者為颱；九月則北風初烈，或至連月，俗稱為九降風。間有颱驟至，如春颶。船在洋中遇颶猶可為，遇颱則不可當矣。過

〔註15〕 周鍾瑄《諸羅縣志》，南投台灣省文獻會，1962，頁265。

〔註16〕 同上註，頁290。

〔註17〕 陳漢光《台灣詩錄》（上），南投台灣省文獻會，1984，頁197。

洋以四月、七月、十月爲穩；蓋四月少颶、七月寒暑初交、十月小
陽春天多晴而風順也。最忌六月、九月：以六月多颱、九月多九降
也。十月以後，北風常作，颱颶無定期，舟人視風隙以來往。五、
六、七、八月應南風，颱發則北風先至，轉而東南，又轉而西南，
乃止。颱颶俱多帶雨，九降則無雨而風。五、六、七月間風雨俱至，
俗所謂「西北雨」、「風時雨」也。舟人視片雲上黑，則收帆嚴舵以
待之；瞬息之間，風雨驟至，隨刻即止。若備之少遲，則收帆不及，
或至傾覆。天邊有斷虹，則颱將至。片雲如船帆曰破帆、稍及半天
如鱟尾者曰屈鱟，出於北方又甚於他方也。海面多穢如米糠及海蛇
浮遊水面，亦颱將至。十二月二十一日起有風，應明年正月有大風；
二月、三月以至九月，俱按日相應。或一日之間風作二次，則所應
之月颱颶二次；多亦如之。無不應者。凡山澳泊船之處，有南風澳、
北風澳。南風以南負山，而北面海者有澳；北風以北負山，而南面
海者爲澳。獨五、六月應南風，或驟遇北風，不可泊北風澳。蓋以
北風轉南，呼吸變更，颱雨嚴屬，駕避不及，則舟立碎矣！〔註18〕

颱風爲害台灣重大，颱風來襲時，每年排山倒海而來，至今英文仍以「颱風」
之音爲名，而「颶風」也是颱風的別名，至今因全球氣候變化甚鉅，本來冬
季無颱風，如今卻反常，冬季更有颱風出現，日後影響將更爲嚴重。詩人在
此類詩中描述不少：如

許光祚的〈橫海歌〉：

　　訣家那問中丞檄，一葉自駛經颶風，

　　動如轟雷止如閟，赤毛市舶知巨測。〔註19〕

吳玉麟〈渡海歌〉：

　　海道嘗聞此最險，下趨直與尾閭通；

　　每遇陰霾天色惡；颶風引去無終窮。〔註20〕

趙翼〈海上望台灣〉：

　　颶力吼來風有母，妖氛掃去水無仙。〔註21〕

〔註18〕周鍾瑄《諸羅縣志》，南投台灣省文獻會，1963，頁22。

〔註19〕陳漢光《台灣詩錄》（上），南投台灣省文獻會，1984，頁19。

〔註20〕施懿琳《全台詩》（三），台南國家台灣文學館，2004，頁73。

〔註21〕陳漢光《台灣詩錄》（中），南投台灣省文獻會，1984，頁468。

姚瑩「三月朔日自台灣放舟至澎湖，忽遇北風，舟南駛不可收，越兩日。夜，達奧東之惠來，乃捨舟登陸間道，潮州偕方子步琛登江樓小飲，憑檻有作寄穎齋觀察」

> 北風橫作惡，忽爾掀天地，波濤起萬峰，
>
> 一落千丈壑，我艘如一葉，上下不自制。〔註22〕

陳兆蕃〈台灣雜詠〉

> 山色千年森處豹，潮聲萬里撼蛟龍，
>
> 朝裘午葛邊風異，撾鼓催航野渡衝。〔註23〕

高拱乾〈台灣賦〉

> 雨乃石尤乍起，馬首長驅，雷鳴海底，霧失天隅。濤倉皇而山主，浪怒激而箭趨，驚聞聲為飛礮，訝入眼而墜珠，乾坤今雲狗，風水兮人魚，則惟有寄餘生於泡影兮，誰復望視息乎斯須。〔註24〕

孫元衡〈颶風歌〉

> 九瀛怪事生微茫，瘴母含胎颶母長。虹蓬出水勢傾墜，雲車翼日爭迴翔……怒鯨張齒鵬奮飛，涸鱗陸死塩田肥……遭此四面風，溯滂無由避……。〔註25〕

張方高〈海吼行〉

> 遙如萬馬過前岡，輪蹄分跜競騰驤，
>
> 近如雷霆奮春陽，一發迸裂爭硠硠。〔註26〕

面對台灣四周海域，不同季節更有不同的浪濤變化時，常有生命無常的感受，對於海道之難以渡越，海上颶風不時吹襲，對於千尺海濤，掀浪激湍，要渡海已是一種「冒著生命」而去，有視死如歸的心境。由以上對颶風、海吼的描述，感受到祖先橫渡台灣的艱辛，「渡台悲歌」成為歷史的參證，天候的因素，深深雋刻在每位渡台先民的心中，也更銘刻在每位生長在台灣土地的子民心中，大自然的生活環境，已建構出許多個人的見解與對事物的關愛，在詩人的心目中，瞭解自然，瞭解自己，同時自己在自然中所扮演的角色又是如何，由此來認識對周遭事物的關愛，發現內在深層的自我。高拱乾在其〈台

〔註22〕 同上註，頁468。

〔註23〕 盧德嘉《鳳山采訪冊》，南投台灣省文獻會，1993，頁439。

〔註24〕 周元文《重修台灣府志》，南投台灣省文獻會，1993，頁385。

〔註25〕 連橫《台灣詩乘》，南投台灣省文獻會，1992，頁26。

〔註26〕 連橫《台灣詩乘》，南投台灣省文獻會，1992，頁83。

灣賦〉中，「惟有寄餘生於泡影兮」「誰復望視息乎須」，由外在的自然環境的作為中，認真去思考到自己的存在，又感嘆到人生會化為泡影，此種感嘆中，化為創作的力量，乃是由於天候因素而引起，台灣古典詩中的自然寫作，即源源不斷發展而出。

三、景觀因素

面對著台灣青翠林木，茂林修竹，崇山峻嶺之景觀，初入台灣舉目四望，大自然美景呈現在眼前，形形色色的風景即為景觀。將此景觀入詩，即成為景觀詩又謂風景詩，相當於英文之 Landscape 或 Scenery，景觀出自於「天然」，亦是自然也，劉勰《文心雕龍》〈原道〉篇中：

> 夫豈外飾，蓋自然耳，至於林籟結響，調如竽瑟，泉石激韻，和若
> 球鍠；故形立則章成矣，聲發則文生矣。〔註27〕

由景觀的欣賞，衍生出「形立則章成；聲發則文生」，在面對自然景物，詩興猶發。景觀的描繪摹寫，百般舖陳，渲染書寫出川景物，有時亦藉山水景觀，來諷刺時政，或發抒己意，藉物吟詠，除直寫描摹而使本身山水、景觀展現壯闊雄偉之美感外，藉抒失意困頓、懷鄉、感憐身世有之，所謂「立萬象於胸懷」「應目會心」於自然，心神領會中，提供了創作的實際經驗，累積胸壑，並予抒發，景觀因素之作用大矣。

台灣得天獨厚有高山急水，有婆娑之洋，美麗之島的盛譽，崇嶺峻秀，風光秀麗，景物宜人，有花木亭榭的綺麗，更多自然風物奇觀。凡抵台之士及在台人士均莫不大加吟詠，孫元衡初到台灣，即以〈抵台灣〉寫道：

> 八幅征帆落遠空，蒼龍銜燭晃波紅，
> 洲前竹樹疑歸後，天外雲山似夢中，
> 鹿耳瀠纓分左路，鯤身沙線利南風，
> 書名紙尾知無補，著得詩筒與釣筒。
> 浪言矢志在澄清，博得天涯汗漫行，
> 山勢北盤烏鬼渡，潮聲南吼赤嵌城。
> 眼見象外三千界，腸轉人間十二更，
> 我與蘇髯不同恨，茲遊奇絕冠平生。〔註28〕

〔註27〕劉勰《文心雕龍》學海出版社，1977，頁1。
〔註28〕陳漢光《台灣詩錄》（上），南投台灣省文獻會，1984，頁151～152。

從安平而進，入目的蒼鬱竹樹，到鰆身沙線的沿海景物談到山勢、潮聲，由圖畫進入有聲世界，孫元衡感受到那奇絕的風光，看到台灣到處充滿新鮮且新奇的感覺，然後幻想到現象界外之三千界，再轉回人間之十二更，這個空間中就令他有所深刻之體悟與感觸，景物中所謂「睹物思情」，藉物有所寄託，景觀中之感懷，又源源不斷而出。詩中之景對詩人所要傳達的景物，未做感情的渲染，但由景物本身來看，也可以窺出孫元衡第一次抵達台灣那種好奇，新鮮之事已超越過去所有的經驗，由「茲遊奇絕冠平生」最後一句即可觀出孫元衡帶出的新鮮感。

　　景觀詩中常有情景莫分，情中生景，景中有情，藉景自寓，情景合一，借景敘愁，因地紀遊，純寫景物等多種方式來表現景觀詩的技巧，優美的景觀使人景中生情，或藉景自寓者頗多，形成因素來分析，台灣位於東南一隅，又隔著台灣海峽，當年交通工具僅靠著帆船，及季節風的吹送，才能夠渡海而來，澎湖黑水溝的濤濤海水巨浪，俗諺有所謂「一死三留六回頭」來形容到台灣渡海的危險及艱辛，如再遇颱風的侵襲，那狂濤巨浪，狂風怒吼的場面，更教人難以忘懷，能躲過之人，已九死一生的慶幸。孫元衡詩中：「古人未死眞堪友，痛哭相逢又嘯歌」。傳神的描述大難不死，又喜獲重生的切膚之痛的感受。也常因有如此刻骨銘心的經歷，在景觀詩中，更藉以抒發內心中的苦悶與哀愁。諸羅縣令周鍾瑄的〈北行紀事〉

羅山山水海東雄，綿亙千里蹤難窮。
朝盤赤日三千丈，浩氣直與海相烘。
南抵蔦松北半線，宛然塊玉橫當中。
職方禹貢雖未載，厥壤上上將無同。
惜哉大甲與中港，逼窄將次入樊籠。
後壟吞霄勿復道，犢車犖确走蛟宮。
天低海闊竟何有，環山疊裹如群峰。
坡陀巨麓一再上，劃然軒豁開心胸。
竹塹分明在眼底，千頃萬堆薑茸。
從此地老無耕鑿，下巢鹿豕上呼風。
北鄰南嵌亦爾爾，淡水地盡山穹窿。
東有磺山西八里，銀濤雪浪爭喧轟。
雞籠小甕堅如鐵，紅夷狡獪計非庸。

蠻煙瘴雨今晝暗，石寒砌冷鳴霜蛩。

中有烏蠻事馳逐，狂奔浪走眞愚蒙。

可憐作息亦自解，但知順則難名功。

我來經過聊紀載，慚非椽筆媿雕蟲。

他年王會教圖此，留此長歌付畫工。〔註29〕

周縣令由嘉義朝北走經彰化、大甲、新竹、淡水、基隆，將當時各地景觀入詩，同時將沿路所經歷的天候、景觀、地物形貌均有入微觀察，短詩中由南至北將各地景觀特徵描寫十分細膩，「蠻煙瘴雨今晝暗，石寒砌冷鳴霜蛩，中有烏蠻事馳逐，狂奔浪走眞愚蒙，可憐作息亦自解，但知順則難名功。」字裏行間充分表現那份無奈與愁悶，在敘景中蠻荒的景色，引起無限的思緒，無極的灰色蒼穹中灑落瘴雨，滿腹辛酸，悽涼之感油然而生，自處異地思鄉情切，乃有「可憐作息亦自解」的詩句出現，台灣景觀雖爲美景，但無法完全用文字表達，欲「留此長歌付畫工」再把這美麗的景物，畫出來，但卻畫不出內心的感受，爲作者惆悵所生，然其訴諸於文字中，不僅寫景，而寫自己的感受尤多。

　　景觀詩的形成，也因寓景於情的部份眞摯感人，讓景物詩更有活力的陳現，情景交融之實況和盤托出，令人讀之回味無窮。景觀詩的形成就因作者的心境感受，因自然景物當前，受那景物「環山疊裏如群峰」，實景及寓情交錯而抒發，乃有遠宦海外的客愁之心，疊上滿腹心酸，何時歸鄉的旅遊情懷，面對台灣的美景，常思「台灣雖信美兮而非吾土」之感懷，何況要「犢車犖确走蛟宮」的冒險與艱辛，又因諸羅縣初肇建，所轄地區廣泛，北起基隆、淡水，南至嘉義，輻員廣大，周鍾瑄於康熙五十三年期（西元1714年）任諸羅縣令，當時自斗六以北，均屬未開發之地，荊棘遍地，榛莽叢生。郁永河於康熙三十六年（西元1697年）在《裨海記遊》所記僅差十七年，周鍾瑄所見台灣西岸尚在蠻荒未闢之時，郁永河在過牛罵社（清水）時，受困於當地，將繞深山而行，當地社人告知：「野番常伏林中射鹿，見人則矢鏃立至，愼毋往」〔註30〕，郁永河尚有探險之心，策杖前往，結果是：「荊莽樛結，不可置足，林木如蝟毛，聯枝累葉，陰翳晝暝，仰視太虛，如井底窺天，時見一規而已。」〔註31〕在台灣地形中，大肚溪與大甲溪之間，爲大肚台地，其西方

〔註29〕周鐘瑄《諸羅縣志》，南投台灣省文獻會，1992，頁273。
〔註30〕郁永河《裨海紀遊》，南投台灣省文獻會，1996，頁19。
〔註31〕郁永河《裨海紀遊》，南投台灣省文獻會，1996，頁19。

是清水隆起的海岸平原,在平原和大肚山之間在清水附近形成了陡崖,高度在 140 公尺左右,而郁永河經過時尚是林蔭遮天,荊莽交結,連腳要走的地方都沒有,可見稍往山裏走,都無法深入,台灣的原始林蓊鬱茂密存在,非今可比,難怪當時周縣令有此感嘆。景觀之影響詩人抒發所感大矣。

章甫「望玉山歌」中的景觀是神祕中的美,其詩日:

> 天蒼蒼,海茫茫;武巒後,沙運旁,半空浮白,萬島開張,非冰非水,非雪非霜,老翁認得其面目,云是玉山發異光。山上寶光山下煦,萬丈清黃萬丈長,晴雲展拓三峰立,一峰獨聳鎮中央。須臾變幻千萬狀,晶瑩摩盪異尋常。四時多隱三冬見,如練如瀑如截肪;駭目驚人不一足,莫辨璧圓與圭方。我聞輝山知韞玉,又聞採玉出崑岡;可求猶是人間寶,爭似此山空瞻望。當時有客癡山鑿,自恃雄心豪力強;豈知愈入愈深處,歸於無何有之鄉。嗟乎玉山願望幾曾見,我今何幸願為償,償來願望亦造化,多謝山靈不可忘。山靈歸去將誰說,依舊囊紗而篆香;大璞自然天地秘,未知韞匵何處藏!且將一片餘光好,袖來寶貴入時囊。〔註32〕

玉山為台灣最高峰,海拔 3952 公尺,更是西太平洋邊緣的最高峰,康熙年間《福建通志》記載:

> 玉山,山甚高,雲霧常罩其上,時或天氣光霽,人遙望,皆白石如玉,故名。〔註33〕

郁永河在《裨海紀遊》的〈番境補遺篇〉中云:

> 玉山在萬山中,其山獨高,無遠不見,巉巖峭削,白色如銀,遠望如太白積雪,四面攢峯環繞,可望而不可即,皆言此山渾然美玉,番人既不知寶,外人又畏野番,莫敢向邇,每遇晴霽,在邵城望之,不啻天上白雲也。〔註34〕

玉山實際上是由輕度變質的沈積岩構成,是大複背斜的最高軸部,因高度太大又向西方滑落,但每遇冷峰來襲又遇豐富水氣,則會降下瑞雪,使整個山坡堆滿積雪,2005 年 3 月玉山更降下破十年記錄大雪達 168 公分,其東峰高 3900 公尺,北峰 3920 公尺,由於氣壓低,溫度低,冬季常積雪,遠望白雪渾

〔註32〕陳漢光《台灣詩錄》(中),南投台灣省文獻會,1984,頁 554。
〔註33〕郁永河《裨海紀遊》,南投台灣省文獻會,1996,頁 19。
〔註34〕《福建通志》台灣府上下,南投台灣省文獻會,1984,頁 36。

然如玉，故命名爲「玉山」。在康熙時期，僅能遠觀，因深山生番把守，也從未有人冒險登頂，故尤是一座神祕之山。《諸羅縣志》〈山川篇〉：

> 三峰並列，遠護衆山，奇幻瑩澈，高出大武巒之背者爲玉山，是邑主山之後障，四終歲爲雲霧所封，見之日甚鮮。〔註35〕

時人無法接觸，章甫寫玉山峰頂之積雪如玉，非冰非水，非雪非霜，則爲玉也，由老翁之語而製造玉山之神祕性。陳夢林在〈望玉山記〉中云：

> 山莊嚴瑰偉，三峰並列，大可盡護邑後諸山，而高乎其半，中峰尤聳，旁二峰若翼乎其左右，二峰之凹，微間以青，注目瞪視，依然純白。〔註36〕

玉山的雲烟變化奇幻，其景觀的高出轟立於群山之中，實有其霸氣的存在，同時，由「我聞輝山知韞玉，又聞採玉出崑岡，可求猶是人間寶，爭似此山空瞻望……」，詩人明知山中無玉，而故以積雪爲玉，來加深玉山的聖潔及其神祕性，同時以崑玉與玉山之玉相比，興起空望之嘆，因爲崑山之玉可用人工開採來把玩，而玉山之玉有如冰清玉潔之聖女，只能仰觀而不能親炙，此又有虛以景觀，來濃筆描述玉山之神祕色。

其實章甫大都以陳夢林之望玉山記爲創作之題材，以玉山爲一塊無價之大璞玉來「袖來寶貴入詩囊」能成歌成詩存入詩囊爲傳之久遠，帶來豐富的想像，其中之托興，亦是藉玉山景觀詩而成，其中亦有創見寫景生動之處，令人隨時亦可欣賞。

由玉山之景色而帶動那晶瑩耀目的字句，的確把景觀詩寫得「詩中有景，景中有畫，畫中有情」，章甫的〈望玉山歌〉帶來一番清新的氣象，爲景觀詩的形成更添助力。

又屠文照的〈龜山嶼歌〉詩云：

> 台陽北路三貂艱，轉行東下臨深灣。
> 忽逢海島如屏環，弧峰聳立蒼石頑。
> 詣之父老名龜山，招同舟子相躋攀。
> 果然形色龜一般，四足綿亘千波間。
> 首尾峻增苔蘚斑，天公厭若堅甲擐。
> 霹靂一聲流血殷，驚足生番馳無還。吁嗟乎，

〔註35〕周鍾瑄《諸羅縣志》，南投台灣省文獻會，1993，頁259。
〔註36〕同上註，頁259。

甲蟲三百汝爲長，水族之中巨靈掌。

不期石頭宛肖像，波濤掀天風鼓盪。

漁舟到此難下網，但見奔騰萬馬響。

狂瀾迴潭深萬丈，飄泊海艘如魚鯗。

向聞樵採有人上，虎穴幽深作蝸蛹。

五總十朋常來往，氣吞鯨浪呼吸爽。

蛟龍過此敢縱放，黿鼉同類但瞻仰。

年年滋生如卵養，變化無窮神通廣。

又聞每歲臨中秋，當空皓魄月夜幽。

花啼文角蹲犀牛，此山挾之海面浮。

兩角分開水不流，雙目如珠夜光投。

忽作海市飛蜃樓，風波頃刻翻不休。

我今彙筆來高游，鱷魚何用韓公謀。

制伏神怪如楚囚，生民樂利滄海數。〔註37〕

龜山島孤懸於宜蘭平原海岸外，屬頭城鎮管轄，今已有開放登記可登島遊覽，大部份由梗坊港出發的賞鯨船在晴空萬里時，會繞行龜山島，雖未能登記上岸，也可以一睹龜山島風景，距台灣約十公里，因其形狀似游在海中烏龜因名「龜山島」，龜頭在東南方朝日，最高點有 244 公尺，是屬於蝕餘的火山錐，西端有一石質沙尖向西北延伸，甚似龜尾，常因季風吹襲，沙灘位置有所改變，被喻爲「神龜擺尾」，原住有漢民族於道光年間移民而來，後因劃爲軍事用地，至今居民全遷移而走，僅留一小廟，爲當地駐軍的信仰中心，噶瑪蘭廳志山川篇云：「龜山一名龜嶼，在廳治東六十里海島，以形得名。」詩中「霹靂一聲流血殷，驚走生番馳無遙」，乃相傳乾隆末年有多羅美社老番，忽見龜山開裂，乃知漢人將至，其實龜頭地隱藏有海中溫泉，其熱水噴泉，硫磺處於其口，熱水中更有螃蟹適應其生活，蔚爲世界少有種類，龜山實係火山島，屠文照以其「果然形色龜一般，四足綿亙千波間」將龜山島的景觀點化而出？大嘆其「甲蟲三百汝爲長，水族之中巨靈掌。」的確，太平洋狂濤中，此一巨龜可以迄立不搖，使「黿鼉同類但瞻仰」，屠文照生花妙筆將龜山島刻劃得活裏活現，將傳說、地形、位置均有詳實的描述，猶如史詩般的記載，同時在中秋，皓月當空之際，也留下了美麗的傳說，使實境融入虛境，有許多生

〔註37〕施懿琳《全台詩》，台南國家文學館出版，2004，頁 322。

花妙筆的詩句出現。並用掌故來，由景觀詩的帶動出自然景物，形成自然風物面貌的描述，令人印象深刻。

　　景觀詩以所見景觀及融入生活爲題材來創作，常將特殊的景觀及望景生情之部份刻劃於詩中：孔子常勉勵學生：

　　　　小子何莫學夫詩？詩可以興，可以觀、可以群、可以怨，邇之事父，

　　　　遠之事君，多識鳥獸草木之名。〔註38〕

詩中由台灣的景觀中提供了興寄的對象，能以實虛相間中有實景的描述，有抒發情感的部份產生。張如居在《赤嵌集》序言中爲孫元衡寫出：

　　　　今讀茲集，字字天風吹來，無跡可尋，不知是何境界也。且其詩咏

　　　　山川則指示要害，咏風俗則意在移易，咏民物則志弘胞與，詩歌而

　　　　通於政事矣，此又作者之旨也。〔註39〕

在這裏知道自然的景觀中，有對於人文及政事的關懷，孫元衡在台灣的山川景觀描述，常能胸懷大地之襟懷而能「指示要害，意在移易，志弘胞與中」尋找出一份自在、舒坦的情懷，體會在大塊假我以文章的自然景觀中寫出天地的開闊，也寫出對於諸景的秀麗，也寫出寓情的感懷，望玉山歌起筆由宏觀的角度，由大範圍來寫玉山的環境，龜山島卻由綿延不絕的三貂角起筆，大捭大闔的胸懷，由景觀詩中形成寫自然景物的筆調，更生生不息的留在詩人看台灣的眼中。同時這種感受，也能夠深入其中，與民眾的生活貼近，甚至完全和民眾結合，融入新的環境中，一同體悟自然界的恬適和幸福。

第二節　社會因素

　　方豪教授在〈陳第東番記考證〉一文中論及台灣大學在台東長濱鄉八仙洞的考古結果，早已發現史前的新舊石器時代文化遺留器物，證明台灣在五千至一萬五千年間，有人在這塊島嶼上活動，原住民遍布全島，社會活動頻繁，從戰國秦漢至宋元，皆有不同傳說，雖以各種不同名詞如瀛洲（秦）、東鯷（西漢）夷州（三國）、流求（隋）、唐施肩吾曾到澎湖，宋代稱澎湖爲平湖，稱台灣爲流求，瑠求（元）至明神宗萬曆 31 年西元 1603 年，陳第所著《東番記》中記載：

〔註38〕《四書纂疏》，台北學海出版社，1977，頁 327。
〔註39〕孫元衡《赤嵌集》，南投台灣省文獻會，1994，頁 3。

> 東番夷人不知所自始，居彭湖外洋海島中，起魍港、加老灣『歷大
> 員』、堯港、打狗嶼、小淡水、雙溪口、加哩林、沙巴里、大幫坑，
> 皆其居也，斷續凡千餘里，種類甚蕃，別為社，社或千人，或五六
> 百。無酋長，子女多者眾雄之，聽其號令。……〔註40〕

大員之名乃陳第以當地土人之語所音譯而來，後來荷蘭人稱 TYOUAN,
TAYOAN,TAYOWAN，大員之名稱又稱為「大圓」「臺員」「大灣」「臺灣」。

改「大員」為「大圓」者為明張燮作「東番考」，《東番考》〈形勝條云〉
「璜山、沙巴里、大幫坑、大圓、堯港」等名詞均已出現。

改「大員」為「臺員」者，清康熙年徐懷祖「台灣隨筆」。引明代莆田周
嬰著遠遊篇，載「東番記」一篇為「臺員」。

改「大員」為「大灣」則為明代沈鐵上書之內容。

改「大員」為「臺灣」者為明末何楷及何喬遠的「鏡山全集」。

陳第的東番記中所記乃沈有容於明萬曆 30 年（西元 1602 年）要征服東
番倭寇，高齡 62 的陳第隨軍征討，來到當時稱「東番」的台灣，於剿倭成功
後隔年，即撰寫東番記，內容記載 1603 年時代的台灣社會狀況，比荷蘭據台
天啟 4 年（西元 1624 年）早 21 年，比永曆 15 年鄭成功驅逐荷蘭人（西元 1661
年）早 60 年。當時台灣原住民民風純樸，居住西部平原，據東番記的描述當
時社會狀況大致為婚俗、喪葬、物產、器物、耕種、裝飾及對外貿易的狀況，
對於我們瞭解漢人未開發台灣前的一篇重要記載，原文本已遺佚，後來方豪
先生從日本學者在東京帝國大學圖書館找到沈有容「閩海贈言」中有陳第的
「東番記」。此為台灣原住民生活及社會狀況的記載。

> 東番人不知所自始，居彭湖外洋海島中；起魍港、加老灣，歷大員、
> 堯港、打狗嶼、小淡水、雙溪口、加哩林、沙巴里、大幫坑，皆其
> 居也。斷續凡千餘里，種類甚蕃。別為社，社或千人、或五六百。
> 無酋長，子女多者眾雄之，聽其號令。性好勇，喜鬥，無事晝夜習
> 走，足蹈皮厚數分，履刑刺如平地，速不後奔馬，能終日不息；縱
> 之，度可數百里。鄰社有隙則興兵，期而後戰，疾力相殺傷，次日
> 即解怨，往來如初，不相讐。所斬首，別肉存骨，懸之門；其門懸
> 骷髏多者，稱壯士。地暖，冬夏不衣，婦女結草裙，微蔽下體而已。
> 無揖讓拜跪禮。無曆中文字，計月圓為一月、十月為一年，久則忘

〔註40〕方豪《方豪教授台灣史論文選集》，捷幻出版社，1999 年，頁 321。

之，故率不紀歲，艾者老髦，問之弗知也。交易，結繩以識。無水田，治畬種禾，山花開則耕，禾熟，拔其穗，粒米比中華稍長，且甘香，雜米釀，間有佳者，豪飲能一斗。時燕會，則置大罍團坐，各酌以竹筒，不設肴；樂起跳舞，口亦烏烏若歌曲。男子剪髮，留數寸，披垂；女子則否。男子穿耳，女子斷齒。以爲飾也（女子年十五、六斷去唇旁二齒）。地多竹，大數拱，長十丈。伐竹搆屋，茨以茅，廣長數雉。族又共屋，一區稍大，曰公廨；少壯未娶者，曹居之。議事必於公廨，調發易也。娶則視女子可至者，遣人遺瑪瑙珠雙，女子不受則已；受，夜造其家，不呼門，彈口琴挑之。口琴薄鐵所製，齧而鼓之，錚錚有聲。女聞，納宿，未明徑去，不見女父母。自是宵來晨去必以星，累歲月不改。迨產子女，婦始往壻家迎壻，如親迎，壻始見女父母，遂家其家，養女父母終身，其本父母不得子也。故生女喜倍男，爲女可繼嗣，男不足著代故也。妻喪復娶；夫喪不復嫁，號爲鬼殘，終莫娶醮。家有死者，擊鼓哭，置尸於地，環熅以烈火，乾，露置屋內，不棺；屋壞重建，坎屋基下，立而埋之，不封，屋又覆其上，屋不建，尸不埋。然竹楹茅茨，多可十餘稔，故終歸之土，不祭。當其耕時，不言不殺，男婦雜作山野，默默如也；道路以目，少者背立，長者過，不問答；即華人侮之，不怒，禾熟復初。謂不如是，則天不祐、神不福，將凶歉，不獲有年也。女子健作；女常勞，男常逸。盜賊之禁嚴，有則戮於社，故夜門不閉，禾積場，無敢竊。器有床，無几案，席地坐。穀有大小豆、有胡麻、又有薏仁，食之已瘴癘；無麥。畜有貓、有狗、有豕、有雞、無馬、驢、牛、羊、鵝、鴨。獸有虎、有熊、有豹、有鹿。鳥有雉、有鴉、有鳩、有雀。山最宜鹿，鹿鹿麌麌，千百爲群。人精用鏢；鏢竹棅、鐵鏃，長五尺有咫，銛甚；出入攜自隨，試鹿鹿斃、試虎虎斃。居常，禁不許私捕鹿；冬，鹿群出，則約百十人即之，窮追既及，合圍裹之，鏢發命中，獲若丘陵，社社無不飽鹿者。取其餘肉，離而臘之，鹿舌、鹿鞭（鹿陽也）、鹿筋亦臘，鹿皮角委積充棟。鹿子善擾，馴之，與人相狎。習篤嗜鹿，剖其腸中新咽草將糞未糞者，名百草膏，旨，食之不饜；華人見，輒嘔。食豕不食雞，蓄雞任自生長，惟拔其尾飾旗。射雉亦只拔其尾。見華人食雞雉

輒嘔,夫熟知正味乎?又惡在口有同嗜也?居島中,不能舟;酷畏海,捕魚則於溪澗,故老死不與他夷相往來。永樂初,鄭內監航海諭諸夷,東番獨遠竄不聽約;於是家貽一銅鈴使頸之,蓋狗之也,至今猶傳爲寶。始皆聚居演海,嘉靖末,遭倭焚掠,迺避居山。倭鳥銃長技,東番獨恃鏢,故弗格。居山後,始通中國,今則日盛,漳、泉之惠民、充龍、烈嶼諸澳,往往譯其語,與貿易;以瑪瑙、磁器、布、鹽、銅簪環之類,易其鹿脯皮角;間遺之故衣,喜藏之,或見華人一著,旋復脫去,得布亦藏之。不冠不履,裸以出入,自以爲易簡云。

野史氏曰:異哉東番!從烈嶼諸澳乘北風航海,一晝夜至彭湖,又一晝夜至加老灣,近矣。迺有不日不月,不官不長,裸體結繩之民,不亦異乎!且其在海而不漁,雜居而不嬲,男女易位,居住共處;窮年捕鹿,鹿亦不竭。合其諸島,庶幾中國一縣,相生相養,至今曆日書契無不闕,抑何異也!南倭北虜,皆有文字,類鳥跡古篆,意其初有達人制之耶?而此獨無,何也?然飽食嬉遊,于于衍衍,又惡用達人爲?其無懷、葛天之民乎!自通中國,頗有悅好,姦人又以濫惡之物欺之,彼亦漸悟,恐淳朴日散矣。萬曆壬寅冬,倭復據其島,夷及商、漁交病。浯嶼沈將軍往勦,余適有觀海之興,與俱。倭破,收泊大員,夷目大彌勒輩率數十人叩謁,獻鹿餽酒,喜爲除害也。予親覩其人與事,歸語溫陵陳志齋先生,謂不可無記,故掇其大略。〔註41〕

東番記全文 1331 字,卻留下了早期台灣原住民的生活史,不僅是一篇如人類學家所作的報告,也是早期有關原住民各種文獻引用的對象,使我們瞭解到漢人到台灣開發前的社會狀況,四百多年前台灣原住民生活純樸,與世無爭,但種族間有衝突時,也會面臨被割首馘的危險。面臨的生活是極爲原始的,黃叔璥在《番俗六考》描寫北路諸羅番之居處:

作室名圓,先以竹木結爲椽桷,編竹爲牆,蓋以茅草,爲兩大扇,中堅大梁,備酒豕遊請番眾,舉上兩扇,合爲屋,狀似覆舟,寬二丈餘,長數丈,前後門戶疏通,夫、妻、子、女同眾一室,門兩旁上下,丹膜采色,燦然可觀,舍內地淨無塵,前廊竹木鋪設如橋,俯欄頗亦有致,鑿木板爲階梯,木極堅韌,或以相思木爲之,又一種木,文理樛結如檀梨狀,從內山採出,番亦不名何木,高可五、

〔註41〕沈有容、方豪校訂《閩海贈言》,南投台灣省文獻會,1994年,頁。

六尺，入室者拾級而入。〔註42〕

所住屋爲竹木爲椽，編竹爲牆，覆以茅草，如遇颱風，並不安全，郁永河在《裨海紀遊》中提到：

> 天氣四時皆夏，恒苦鬱蒸，遇雨成秋，比歲漸寒，冬月有裘衣者，至霜霰則無有也。海上颶風時作，然歲有常期，或逾期，或不及期，所爽不過三日，別有風期可考，颶之尤甚者曰颱，颱無定期，必與大雨同至，必拔木壞垣，飄瓦裂石，久而愈勁，舟雖泊澳，常至齏粉，海上人甚畏之……〔註43〕

颱風一來拔木壞牆，飄瓦裂石，原住民爲竹木所造之房屋，當無一倖免，但因竹木易於取材，只要人能及時躲避，風過後再覓竹造屋，尚能繼續生活，囿於自然環境，而原住民樂天知命，當時平埔族居於西部平原地區，深受外來文化的影響較深，社會狀況演變極爲激烈，語言至今消失，而居於深山的所謂「生番」爲原住民中的十一族，其尚操有自己的語言，及保留大部份的習俗，成爲原住民最豐富的資產，惟近生活方式因山地的開發及科技媒體的侵入，漢化及世界化程度愈來愈深，有待提倡保留原有之文化。

原住民與漢人接觸均以西部爲主，東部後山及遠在綠島、蘭嶼的達悟族等均未能觸及，乃起因於交通問題，尤以孤懸東南角的蘭嶼，清朝時期恆春瑯嶠縣令曾派人前往。日據時期人類學家鳥居龍藏於明治 30 年（西元 1897 年）到蘭嶼做人類學調查前，也僅有台灣總督府派出兩艘探險船到過蘭嶼，但也沒有留下外人，讓鳥居龍藏有正式做調查達悟族最原始的社會之機會。在蘭嶼的達悟族是屬南島語系的民族，他們是不懂得釀酒及不曾獵頭及使用弓箭的民族，採用親從子名的獨特名稱，主要依賴著捕魚及栽種水芋而生，獨特的飛魚季祭典、及新船、新屋落成的儀式，對神靈及死亡的態度，均是非常獨特的。

在原住民的社會中，漢人尚未介入之前，其自有的生活方式，有如化外之民，誠如郁永河在《裨海紀遊》中所言：

> 平地近番，冬夏一布，粗糲一飽，不識不知，無求無欲，自遊於葛天，無懷之世，有擊壤、鼓腹之遺風……〔註44〕

〔註42〕黃叔璥《台海使槎錄》卷五，番俗六考，南投台灣省文獻會，1999，頁95。
〔註43〕郁永河《裨海記遊》，南投台灣省文獻會，1996，頁13。
〔註44〕郁永河《裨海記遊》，南投台灣省文獻會，1996，頁33。

以漢人之觀點有「不可思議」之處，然以其社會中，可以自得其樂並無求無欲過日子，也許這就是「世外桃源」之美境，只是倭寇及漢人的征戰，把他們美好生活方式都破壞殆盡，一如平埔族的文化消失，語言的流失，而融入了優勢文化的霸權，我們是否自省，該為未流失的社會中，弱勢種族給予最大的協助。

　　沈有容征戰東番（台灣）之後，班師回朝，獲得無數的士紳給予贊美，陳學伊《跋閩海贈言》：

　　　　宛陵沈士弘將軍以禪師握戈于泉之石湖鎮，前後堅諸勳甚多，海陬漁
　　　　商，藉諸學士，大夫之言，以贈將軍，前後亦甚盛，茲既彙而梓之，
　　　　名之曰《閩海贈言》，行且播之寰宇，而將軍之勳名益著。〔註45〕

也因沈有容有此次東征，讓陳第有機會到達台灣，敘寫「東番記」以記當時台灣社會面貌，但閩海贈言中記載有收許多學士文人贈沈有容的詩句，相關征戰及台灣部份，陳漢光先生收集於《台灣詩錄》之中。何喬遠的〈破倭東番歌和傳山人韻〉：

　　　　窮冬晦節沈海月，將軍殺氣連宵發，
　　　　賊塵無處歸東韓，風颸不得奔南粵，
　　　　閩海盡頭別種番，此輩久此棲遊魂，
　　　　虎狼無聲假窟穴，蛟龍有怒難併吞，
　　　　將軍殺賊賊血湧，番種遙觀皆神竦，
　　　　若電不瞥刀箭鋒，如山一紇波濤擁，
　　　　船頭頃刻便成功，平野坐笑須九攻，
　　　　酋長鹿麋三日獻，領腰蠟蟻一朝空，
　　　　紅怕纏肩花插願，蠻牛行酒使君賞，
　　　　將軍宴罷寧不喧，我輩座客英風上。〔註46〕

許俊雅在《台灣文學散論》中云：

　　　　平埔族西拉雅族據張耀鑄考證，原住於台南附近平野，台南平原又是
　　　　漢族最早開拓的地方，因受漢族侵佔，於是漸向中央山脈山腳地方遷
　　　　移，而遠在明鄭時期，新港、嘉溜灣、歐王、麻豆四社尚留在西部平
　　　　原，而大員族在陳第《東番記》之時，正居住現在安平。〔註47〕

〔註45〕沈有容、方豪校訂《閩海贈言》，南投台灣省文獻會，1994，頁127。
〔註46〕陳漢光《台灣詩錄》，南投台灣省文獻會，1984，頁63。
〔註47〕許俊雅《台灣文學散論》，文史哲出版，頁216。

沈有容東來，是爲追剿倭寇，當時倭寇盤據在大員，沈有容及陳第於明神宗萬曆 31 年（西元 1603 年）帶領廿一艘船隻追進東番，在台灣海峽將倭船打沈六艘，斬倭十五人，搶回男女三百七十餘人，後來停駐大員（台南安平），東番的酋長大彌勒等率當地原住民扶老攜幼，競以壺漿生鹿來向沈有容等道謝，此事回傳安徽寧國府宣城縣，當地漁商即藉學士、大夫之言以贊美。其實，這些寫詩之人均未到台灣，而內容均偏離主題，誇飾太過份，更充滿血腥味，原以擊倭爲主題，以何喬遠所敘最爲正確而傳神，估以錄之能瞭解當時之狀況，而因社會發生之諸種因素而引發出社會詩不斷出現。

荷人據台於明天啓四年（公元 1624 年），當時台灣已有漢人，三、五成群居住於番社中，且番人已習慣使用漢語，亦有許多漢人娶「番婦」爲妻，荷人於天啓二年（公元 1622 年）入侵澎湖時曾殘殺無辜至數千人之多，因此當時台灣各社，仇荷之心，必然有之，同時荷人據台以後，荷稅〝虐政〞與日俱增，對原住民探懷柔政策，對漢人知不可欺也乃以壓榨、利用、防範爲主，後有鄭芝龍之舊部下，郭懷一留在台灣，力耕二層溪南之土地，因慷慨好義，濟困扶危，爲當時移民所敬重，乃成爲「大結首」並擁有徒眾，後憤荷人暴虐乃立志驅逐荷人，將於永曆六年（西元 1652 年）中秋之夜醉殺荷人，後乃其義弟前往密告荷人，荷督富爾堡調兵遣將攻打，因武器僅爲木竿，又遇荷人增援「土番二千人」，懷一戰死，副首吳化龍陣亡，餘眾退居二層溪抵抗，血戰數晝夜，退至漚汪，被破乃結束戰爭。此時荷人統治社會開始教化新港、目加溜灣、麻豆、蕭壠、大目降、諸庄，至今留有新港文書，爲當年平埔族語所留下之羅馬拼音文字。在《台灣詩乘》中，蒐有陳輝所著〈二贊行嘆云〉

> 竹橋平野路，春水漲清溪，風靜平沙闊，烟籠遠樹低，
>
> 青燕喧海燕，碧岸叫村雞，爲語南遊客，應知愼馬蹄。〔註48〕

敘寫八十多年後的景觀，已將原來戰場之事遺忘殆盡，春水漲溪已沖走多年的戰場氣息，而樹木已死，也遮掩過去的殘破班駁的古戰場，只告知南遊的客人，謹愼奔跑過往的馬匹，匆匆而過，尋覓不出當初慷慨激昂的氣氛。

明鄭時期因鄭氏王朝經營台灣僅 23 年【自明永曆 15 年（西元 1661 年）至永曆 38 年（西元 1683 年）】當時移民社會中，能有領導中心，又有漢族高度文化的傳入，尤以鄭成功以奉明朝正朝爲號召，有許多明末的遺老紛紛來

〔註48〕連橫《台灣詩乘》，南投台灣省文獻會，1992 年，頁 89。

台歸附鄭成功，文士及耆儒跟隨鄭氏來台亦不少，此時以漢族爲中心的文化移植，使當時避亂之士，心懷故國，藉景憑弔河山，或抒發酬唱，語多激昂，社會詩也由此形成。沈光文早於鄭氏之前即飄留台灣，以「傳播文化，以啓窮徼」爲志，而設置教授番徒，留有《花木雜記》《古今詩體》等創作。沈光文在台三十餘年，歷經荷蘭時期、鄭氏時期、清朝，看盡三代盛衰，其詩深刻反映出當時社會及身爲文化飄流於時代之末世及邊疆地帶的悲情，今以〈束首則通借米〉〈貸米於人無應者〉兩首反應當初社會處世之困頓。

〈束首則通借米〉：

　　　　遍來乞食道無處，饑即驅我亦不去，
　　　　甑中生塵興索然，飡風吸露望青天，
　　　　窮途依人仍不足，自顧已忘榮與辱，
　　　　何當稚子困餓啼，絕不欲我作夷齊，
　　　　勉學魯公書新帖，呼庚未免爲臣妾，
　　　　嗟！嗟！苦節尤難在後頭，一日不死中心憂。〔註49〕

〈貸米於人無應者〉：

　　　　同是窮途同作客，飽得煙霞煮得石，
　　　　但使清虛腹裏存，詩瘦偏多新意格，
　　　　也知詩瘦怡隨秋，高飛秋色入梧州，
　　　　蒼狗浮雲倏變幻，老我狂愚我自羞，
　　　　西山尚有中子在，周全應盡性天愛，
　　　　乃竟二餓千載垂，旅處寡親益增愾，

　　　　我來避世如避秦，上下無交饋贈屯，
　　　　倘能屈曲爲小眇，何妨白日竟驕人，
　　　　驕人者流世所敬，不辨笑邪反笑正，
　　　　大家勢利正營營，誰向此中審究竟，
　　　　昨夜夢中誰贈雲，醒時拾得似紛紛，
　　　　人間世事尚難料，如何天上獲相分，
　　　　感此高誼思所報，木瓜何以投永好，
　　　　今日幼安固如何，卻亦未曾除皂帽。」〔註50〕

〔註49〕 施懿琳《全台詩》（一），台南國家文學館，2004，頁39。
〔註50〕 同上註，頁39。

曹永和在鄭氏時代之台灣墾植中指出：

> 當時台灣榛莽未除，糧食必須自耕自足，如遇荒歉，更是無以為繼，
> 文人不為五斗米折腰，而當稚子困餓啼之時，只好硬著頭皮，書寫
> 借米之帖，連用兩個「嗟」字無可奈何中道出「苦節尤難在後頭，
> 一日不死中心憂」之嘆。在荒亂時代又居於尚未開墾之島，在荷人
> 佔領之時期，農業雖稍有基礎，但其生產目標在於可以成為商品的
> 「糖」食糧僅是為了生產商品而來的附帶產物。〔註51〕

荷蘭時代的農業乃是以重商而種植的產業，食糧較不予重視，甚至可以由外地運入。到鄭氏王朝，反清復明為其職志，此時為復興基地的台灣，就必須存有足夠的糧食，足食足兵乃是主要政策，在此農本思想中種稻為主要之政策，而沈光文為何尚無餘糧可食，其實沈光文由金門搭船赴泉州，遇颱風，飄流到台灣，僅以身免，也身邊無法留有家產，在台灣收入有限，又因以賦諷刺鄭經而遭禍，幾乎被殺，後不能得到官方的援助，僅能躬耕自食，必會有所困頓。

後一首，寫到借米於人而無人答應，其處境已在極端困阨之中，明鄭時期，面臨驅荷政權轉移，台灣土人的耕種技術尚停留在刀耕火耨之原始階段，後來鄭氏軍隊為求糧食供應穩定，才開始有屯兵政策，於是犁鋤之技術逐漸傳入，水利設施也逐漸有所營造，栽植作物，尚未能使用肥料，此時農業也屬粗放政策，加上台灣有自然災害，颱風未定時出現，常有歉收之事，致使食之未飽，亦是意料中之事。故沈光文為文以記。黃叔璥番俗六考中北路諸羅番一、新港等地其飲食為「飯凡二種，一占米煮食，一篾筒貯糯米，置釜上蒸熟，手團食，日三飡，出則裹腰間。」〔註52〕，可見在此地平埔族尚以米食為主，諸羅縣志在卷十物產志中言及稻之種類頗多如秔稻：

> 秔與粳同，種類頗多，有占稻，俗名「占仔」……。有赤、白二色，
> 白者皮薄易舂，六、七月始種，十月收，稻之極美者。〔註53〕

可見台灣稻米種類，在明鄭及清朝時期已有不少，但沈光文為一介文人，欲躬耕自食，其技術恐未如老農之栽種也，故必有荒年之嘆。

〔註51〕曹永和《鄭氏時代之台灣墾殖》，聯經出版社，1997，頁292。
〔註52〕黃琡璥，《台海使槎錄》，南投台灣省文獻會，1999，頁95。
〔註53〕周鍾瑄，《諸羅縣志》，南投台灣省文獻會，1993，頁191。

　　明朝末年禍亂頻傳，清軍揮軍南下，崇禎自縊煤山之後，南明擁隆武稱帝，盧若騰臨危被授以右副都御史，又加爲兵部尙書戰於平陽，後中箭被救出，於是輾轉金門，後落居澎湖，其在明末著《島噫詩》等詩集，能披露當時鄭成功之軍隊，軍律不嚴，騷擾百姓等事，也爲當時荒亂時代留下「詩史」之見證，今觀其詩「東都行」，在於描寫當年台灣本島之社會狀況，其詩曰：

> 海東有巨島，華人舊不爭；南對惠潮境，北儘溫麻程。紅夷浮大舶，
> 來築數雉城。稍有中國人，互市集經營。虜亂十餘載，中原事變更。
> 豪傑規速效，擁眾涉滄瀛。於此闢天荒，標立東都名。或自東都來，
> 備說東都情。官司嚴督趣，令人墾且耕。土壤非不腴，區畫非不平。
> 灌木蔽人視，蔓草宵人行。木杪懸蛇虺，草根穴狸鼪。毒蟲同寢處，
> 瘴泉供飪烹。病者十四五，聒耳呻吟聲。況皆苦枵腹，鍬鍤孰能擎。
> 自夏而徂秋，尺土墾未成。紅夷怯戰鬥，獨恃火器精。城中一砲發，
> 城下百屍橫。林箐深密處，土夷更猙獰；射人每命中，竹箭鐵鏢並。
> 相期適樂土，受塵各爲氓。而今戰血濺，空山燐火盈。浯島老杞人，
> 聽此憂悻悻。到處逢殺運，何時見息兵？天意雖難測，人謀自匪輕。
> 苟能圖匡復，豈必務遠征。〔註54〕

東都即台灣，盧若騰筆下，鄭氏王朝的軍隊經營當年台灣的情形，盧若騰未到台灣，僅憑其所聽聞，描述鄭成功據台開墾，征服掠殺之事，戰事是殘酷的，面臨到戰爭時，草木皆兵，而軍隊所過之處，必有所損。「虜亂十餘載，中原事變更。」社會中人心惶惶，尤以爲政者，非不得已，必不動兵，而兵者乃不祥之兆，啓動戰爭後，又生靈塗炭，鄭氏帶兵驅逐荷蘭人過程，其必有嚴予軍紀，及控制人民活動之處，而盧若騰反映出軍紀的問題，力求帶兵不以擾民，台灣的瘴癘，更是一大威脅，也料到鄭成功有攻台之謀略，「苟能圖匡復，豈必務遠征」，當時紛亂的社會中，留下那人心浮動的場景，故爲政者，不得輕啓戰端，否則禍害子孫無窮矣！也幸鄭成功帶兵驅荷蘭據台，否則等荷蘭坐大，荷人勢力遍及全島之時，台灣將落入荷人手中而成爲荷蘭殖民地。當時漢人來台開墾，也僅能淪落爲二等國民，台灣的歷史則將完全重寫。

　　明朝中葉的澎湖是漁民聚集的地方，漁業發展鼎盛，台灣與大陸的接觸也極爲頻繁，明嘉靖34年（西元1555年），鄭舜功到日本，回國寫《日本一

〔註54〕陳漢光，《台灣詩錄》（上），南投台灣省文獻會，1984，頁80。

鑑》，其書畫有台灣島圖，並畫出島上有雞籠山，記載有硫磺噴出的狀況，其云：「自回頭徑取小東島，島即小琉球，彼云大惠國，按此海島，自泉永寧間，抽一脈渡海，乃結彭湖等島，再渡諸海，乃結小東之島，自島一脈之渡，西南乃結門雷等島，一脈之渡，東北乃結大琉球、日本等島，小東之域，有雞籠山，山乃石峰，特高於眾中，有淡水出焉。」另本書又註記：

> 按硫磺之山非特一處，小東、日本皆有之，小東島即小琉球」由本
> 處的記載可知北台灣已有販賣硫黃的證據。日本曾於明嘉靖 2 年（西
> 元 1523 年）來朝貢貿易，却造成寧波之亂，於是明朝對日採取「閉
> 關絕貢」之政策，反而引起了倭冦之亂的騷擾，至此以後中國的沿
> 海即成私梟的貿易來往，也引起倭冦，海盜的頻起，澎湖列島即成
> 爲倭冦往來、停泊取水必經之地，嘉靖 42 年（西元 1563 年）十月
> 福建巡撫譚綸條陳防海善後事宜，即恢復沿海五水寨，嚴會哨，以
> 靖海氛，於是勾引接濟海盜之事就由沿海移至海外各地。〔註55〕

沿海地區海盜之首林道乾，被俞大猷追擊至澎湖，林道乾即東奔台灣，俞大猷乃分師駐防澎湖，林道乾在嘉靖 45 年後（西元 1566 年）乃橫行於台灣及東南亞一帶，也在高雄柴山等地留下不少傳說故事。據《明史·日本傳》曰：

> 萬曆 8 年（西元 1580 年）犯浙江菫山，及福建澎湖、東湧〔註56〕

《神宗實錄》云：

> 萬曆九年二月丁酉（西元 1581 年 3 月 7 日）福建道御史安九域勘上
> 倭犯彭湖等處，功罪官兵。先後犁倭船五，擒倭賊二十顆，奪回被
> 虜三十一名。

> 萬曆十年八月戊申（西元 1582 年 9 月 9 日）兵部覆福建巡撫勞堪題：
> 倭冦，一自北洋，一自廣海突入，意在犯興化，漳南地方，又有夥
> 船出沒東湧，彭湖，欲圖聯幫劫掠，實係內地奸徒勾引，各官兵奮
> 勇撲勦兩賊皆勝。〔註57〕

由此可知台灣及澎湖在嘉靖中葉至萬曆年間（西元 1540 至 1582 年之間），已成爲倭冦及海盜的聚集場所，也在國際貿易的市場上，是一條必經之地。而明代對台灣並未定有官治，對雞籠、淡水、北港卻僅於捕魚的補給港口，有

〔註55〕曹永和《早期台灣的開發與經營》，聯經出版公司，1997，頁 139。
〔註56〕見明史卷 322，列傳卷 201，台北藝文印書館，乾隆 12 年，頁 3636。
〔註57〕見明神宗實錄。

漢人來往小額貿易而已,但對此區自有熟悉程度,已是不爭之事實。萬曆年間中國沿海,已有來到台灣的歷史記載,福建巡撫周寀曾在船引的定中有:「東西二洋共八十八隻,又有小番,名雞籠、淡水,地隣北港捕魚處,產無奇貨,水程最近……」可證明明萬曆年間台灣及大陸之間均有小型貿易來往,社會中的「漢番交易」閩南人與原住民建立了很好的關係。同時台灣和大陸之間的互動地愈來愈頻繁了。

明萬曆以後對澎湖的海防價值更加認識與重視,雖認為澎湖是「絕島孤懸,茫茫萬頃」,但也漸漸重視其地之重要,建議於澎湖「設將屯兵,築城置營,且耕且守」,而台灣的開發和經營,其實為大陸開發的延長線,由於在地理位置較近,同時在人類歷史上,要離鄉背井,渡海尋覓新天地,披荊斬棘,篳路藍縷的開墾前,常有其必經之航路之試探,及移植,才能竟其全功。迨到明鄭時期,驅荷之後,始有大量移民移入,透過開墾,物產豐富,貿易頻繁後才將大陸和台灣鏈結起來,已屬於清朝時期之事。

台灣古典詩在不同階段的時代中發生的事件,常會為這時代留下無數的見證,這些事件有些具有全面性,有些具有地方的特性,選擇具有代表性的詩及作者來討論,每個時代和社會發生事件的面貌,從事中探討出事件、時間與社會之關係,在傳統儒家思想為主流的社會當中,儒者心懷參與社會建立制度的殷切期盼,而台灣古典詩人自然也以反映時事為志向,由此也在社會詩當中,有很多篇章是具有「詩史」的地位,不但庶人的吟詠有之,即使在領導者地位的亦有之。其實詩的本身常具有歷史紀實的存在,更具有照明歷史的識見,不以娛樂為目的,時事詩,更具有時代的精神,記載社會所發生的事情,也在紛亂的時代中,為我們留下「春秋之筆」,有諍言、評論、有詠史、懷古,產生的價值感及其影響力,甚至高於歷代之明載的「史實」,杜甫因歷經唐朝安史之亂所作之詩,被定為「詩聖」即因其作品有「史詩」之價值,《新唐書》列傳〈杜甫傳〉贊曰:

甫善陳時事,律切精深,至千言丕少衰,世號詩史。〔註58〕

時事常會反映當代,寫作時事詩也常有「詩史」的內涵,縱觀明鄭時期,盧若騰之詩,較為貼近明鄭時期的史詩,而明天啓四年(公元 1624 年)第一波驅逐荷蘭人離開澎湖的巡撫南居益,曾視師廈門(中左),其「視師中左」詩中提及澎湖之險要一詩言及:

〔註58〕二十史《新唐書》,台北藝文印書館,乾隆 12 年武英殿影本,頁 2288。

　　一區精衛土，孤戍海南邊，潮湧三軍氣，雲蒸萬竈煙；

　　有山堪砥柱，無地足屯田，貔虎聊防汛，蛟龍穩藉眠。〔註59〕

將當時驅逐荷人，以澎湖爲中流砥柱寫得很具體，雖然無充足的屯田之地，但
已經具有一方的精衛土，來防禦敵人的侵佔，也表現當時社會的一片期待之聲。
將外國人視爲前進基地的澎湖固守後，外國人的「覬覦」，則可擋之於前線之外。
明代因施行閉關鎖國政策，禁止夷船在沿岸停泊，並不准國人和私販海通番，
但因人民爲謀生而甘願犯法，利之所趨，固沿海走私貿易猖獗，澎湖又在地理
上位置的優越，常爲走私者的中繼補給之站，明朝雖幾度用兵來摧毀基地，但
因未能有長期駐軍，總是無法扼阻這個猖獗的國際貿易的祕密基地。澎湖被認
爲是漳泉的門戶，因此乃派兵來驅走荷蘭人，將澎湖再度收入版圖。

　　在台灣本島內，鄭成功因受到糧食不足的威脅，看到台灣西南部的沖積
平原，正有相當面積的土地，於是加強駐軍的屯墾，其屯兵政策，乃在力求
自保（飽），並承認先來的漢人及平埔族對於土地所有權，據以課稅，而嚴禁
士兵再利用現有百姓的土地，獎勵官兵開墾荒地，如此一來可以安撫民心，
二來也可以對土地所有權的人課稅，取得政府所需的費用，如此得民心，後
來更從事土番安撫，獎勵農耕、教育番童，鄭經更任用陳永華，大事經營，
卓有績效。在台灣外紀中記載鄭成功由蕭壠、麻豆、大目降、大武壠、他里
霧、半線各處踏勘而回，次日大會諸提鎮參軍議事即宣示曰：

　　太凡治家治國，以食爲先，苟家無食，雖親如父子夫婦，亦難以和
　　其家，苟國無食，雖有忠君愛國之士，亦難治其國，今上托皇天垂
　　庇，下賴諸君之力，得有此土，然計食之者眾，作之者寡，倘餉一
　　告匱，而師不宿飽，其欲興邦國，恐亦難矣。故昨日躬身踏勘，撥
　　審情形，細觀土地，甚是膏腴，當倣寓兵於農之法，庶可餉無匱，
　　兵多糧足，然後靜覈，隙而進取。〔註60〕

鄭氏創業以農爲本，以安軍食必先，籌畫寓兵於農政策，以開疆闢土之心來
經營台灣，使台灣民心終於安定，後來鄭經曾爲詩：〈讀喜達集有感依諸公韻
成篇〉：

　　避塵島上春十更，諸人半屬朝公卿，

　　空落天子死社稷，廷臣惟有嘆數聲，

〔註59〕陳漢光《台灣詩錄》（上），南投台灣省文獻會，1992，頁35。
〔註60〕江日昇《台灣外記》，智揚出版社，1992，頁178。

> 風波不歷徒言苦，百折未經何忠貞，
>
> 亦有鈏柏終歲暮，半如蜉蝣求此生，
>
> 安危未至先人望，患難臨頭已自行，
>
> 人言反覆偏無定，蓋棺才定死後名。〔註61〕

鄭經詩多但能言及社會狀態鮮少，而吟詠詩頗多，在本詩中感嘆社稷的滅亡，天子的淪落，而為臣僅有嘆息，未經百折不撓的戰事考驗，那能談及如何忠貞的意向，想要如同松柏之不凋終歲，但人只能如蜉蝣般求生，未免太短暫，此詩反應當年為宦遊人士的心態，歷經戰亂，雖貴為鄭氏繼承人，在征戰之間觀察社會，也免不了有時不我予的感嘆。

此明鄭時期短暫 23 年中，留下詩文畢竟在少數，這時期欲由詩文來考察當時社會狀況較少資料，惟有另求他籍加以印證，如《台灣外記》，《延平王戶官揚英從征實錄》等，始可窺探明鄭時期在台灣的社會狀況。鄭氏曾於永曆 15 年（西元 1661 年）告諭各地文武百官及官兵家眷，軍隊各自屯墾以求永為世業，並不准再佔領原有土著所耕的田地，所以鄭成功的屯墾，寓兵於農而沒有廢除兵力，發生台海戰役（周全斌攻台），而抽調屯田者十分之三兵力去抵擋，後清軍敗於颶風，鄭經又將人馬調回各地屯墾，保持著戰力。綜論明鄭時期因寓農、屯兵政策成功而社會很快就安定下來。

逮至有清時期，由施琅於康熙 22 年（西元 1683 年）攻伐台灣，鄭克塽出降，清朝勢力正式進入，台灣版圖台灣社會在清領期間，由宦遊詩人及本地詩人吟詠，社會詩即有大量出現，追溯當時荷蘭據台時期，對平埔族已有所教化，乃明鄭時期由陳永華奏請設立學校，教化番童，鄭氏更明令各番社設立學校，其效果顯現，郁永河來台採硫途中，沿路經過新港社、嘉溜灣社、麻豆社，嘉木陰森、屋宇完潔，不減內地村莊。郁永河《裨海紀遊》中：

> 新港、嘉溜灣、歐王、麻豆，於偽鄭時為四大社，令其子弟能就鄉
>
> 塾讀書者，蠲其徭役，以漸化之，四社番亦知勤稼穡，務蓄積，比
>
> 戶殷富，又近郡治，習見城市居處禮讓，故其俗於諸社為優。〔註62〕

其實因府治在南部，也成為文教重鎮，人口眾多，來台宦官員又以南部為多，風頌吟詠也處於南台，因此人文薈萃的詩社也在南台出現。「東吟社」由季麒光、沈光文等人組成，為開台第一詩社，季麒光之〈視事諸羅〉：

〔註61〕施懿琳《全台詩》（一），台南國家文學館，2004，頁 106。

〔註62〕郁永河《裨海紀遊》，南投台灣省文獻會，1999，頁 17～18。

西風輕拂使臣車，踰蜀相如舊有書，

細繹番音誠異域，喜看野俗尚皇初；

自來窮海無飛雁，從此荒村有市魚，

漫向空天長倚望，黃雲晚日接扶餘。〔註63〕

季麒光文材富艷，台灣歸清版圖後一年，即來任諸羅縣事，建設方興未艾，所見極爲原始，故有「喜看野俗尚皇初」，其重視教育，有傑出學生可拔擢共同爲事，因其筆力甚健，以當年縣志文獻未爲齊備，乃撰《台灣縣志》稿，後未能全部寫完，由高拱乾續爲寫齊。由本詩中可窺探當初諸事未備，而西使東來，才有書篋出現，暗示文化能夠傳承，而披荊斬棘，篳路藍縷之路上，聽到番音有如異域般，可見當年初爲教化，百廢待舉，行囊中儘翻由斯啓，肇始創建之社會，更需加倍努力，其有關台灣詩文不多，惟《諸羅縣志》評其詩：「博涉群書，爲詩文清麗整贍。」清季原住民社會中，政府已規範管理方式，已走入互有租契的關係，「番業漢佃」是當時極爲平常之關係，往往是漢人先以租佃，後漢人因勢力強大，變成強佔其土地的所有權，使社會中弱肉強食，結果形成治安的問題。清廷爲解決問題乃有立碑定線的方式，將漢人與高山原住民隔離，否則常會引起聚眾爲盜、出草等重大問題。對於原住民的社會郁永河在《裨海紀遊》中是一本詳細記錄的遊記，他最具有特色的將平埔族生活記載得十分鮮明，栩栩如生的呈現，至今台灣社會當中，不少人身上尚有平埔族血統成分，台灣俗話說：「有唐山公，無唐山媽。」乃起因在於清初爲消滅海上反清勢力，如鄭成功等。清順治 13 年（西元 1656 年）頒布海禁令，嚴禁商民船隻私自出海，鄭成功於永曆 15 年（西元 1661 年）入主台灣後，清廷再頒禁海令，重申嚴行保甲連坐法，又依福建總督李率泰之建議方法，沿海五省居民內遷 30 至 50 里，並燒掉沿海船隻後，嚴禁人民出海，逮到清康熙 22 年（西元 1683 年）攻下台灣後才解除禁令，同時由首任知府蔣毓英安撫原住民，諸羅知縣張憲之招徠開墾，於是閩粵的流民接踵而來，但清康熙 55 年（西元 1716 年）知府周元文曾上疏禁止無照偷渡流民來台，康熙 57 年（西元 1718 年）總督覺羅滿保更再申禁止偷渡來台，發給有照者皆爲單身漢，因此來台之開墾漢人，大都娶平埔族爲妻，「有唐山公，無唐山媽」乃有此台諺之傳說。郁永河描述當年除新港、嘉溜灣、歐王、麻豆四社較爲富庶有禮外，佳里興以北則較爲荒涼，均是平埔族居住，而未見

〔註63〕施懿琳《全台詩》（一），台南國家文學館，2004，頁 182。

漢人，尤以到大甲社後，經過的番社皆空室，求一勺水不可得，荒天蔽地。
到康熙年間《諸羅縣志》：「自斗六門至雞籠山後八百餘里，溪澗崎谷，既險
且遠，當設縣治之始，縣治草業，文武各官僑居佳里興，流移開墾之眾極遠
不過斗六間」，康熙 43 年（西元 1704 年）秩官、營汛，悉移歸治，而當是時，
流移開墾之眾，已漸過斗六門以北矣！可見漢人逐漸開墾於施琅攻台後二十
多年，當民心安定後，漸漸移民來開墾。孫元衡於此時來到台灣任府海防同
知，其敘述〈諸羅縣即事〉：

> 龜佛山前入掌舒，雕題絕國展皇輿，
>
> 木城新建煩酋長，官廨粗營似客居，
>
> 北向夷巢環瘴海，西偏估舶就牛車，
>
> 嗟余慣睹殊方俗，鉛槧隨身可自如。〔註64〕

剛建諸羅城，其建程艱辛可期，面對夷巢瘴海，辛酸在異地可知其苦，然每
次出入都是需要以牛車為交通工具，真實的描述當年初上任面對荊棘遍布的
環境，更要能加倍努力去適應環境，而土番也少，郁永河走到新竹所見，更
加荒涼《裨海紀遊》中：

> 自竹塹迄南嵌入八九十里，不見一人一屋，求一樹就陰不得，
>
> 掘土窟，置瓦釜為炊，就烈日下，以澗水沃之，各飽一餐。〔註65〕

郁永河形容經此地是「披荊度莽，冠履俱敗。」此為狐狢之窟，非人類所宜
至也。可見台灣在康熙年間北部尚未開發，沙漠連連，找不到一棵樹，從新
竹到南坎是洪荒世界，人煙稀少，麇鹿成群的野地。此種社會狀況觸動了郁
永河的愁思，也在筆下用竹枝詞真實的描述土番生活。「年攜弓矢婦鋤耰，無
褐無衣不解愁，番布一圍聊蔽體，雨來還有鹿皮兜。」純樸的世界，猶是諾
亞方舟中之子民，在這種化外之民與世無爭的世界，台灣在三百多年前尚是
一個桃花源的境界，原住民「無褐無衣不解愁」，活在自己的天地之中，其生
活條件也簡單樸素，完全是原始的社會，所謂「日出而作，日入而息」的男
耕社會，其「出不慮風雨，行不計止宿，食云則食，坐云則坐；喜一笑，痛
一顰，終歲不知春夏，老死不知年歲，寒然後求衣，飢然後求食，不預計也。」
〔註 66〕在這種自由自在的大自然環境下，自有一套的生活方式，不去為未來
做打算，是初始的社會生活，郁永河的筆下粗曠而純樸。

〔註64〕施懿琳《全台詩》（一），台南國家文學館，2004，頁 269。
〔註65〕郁永河《裨海紀遊》，南投台灣省文獻會，1992，頁 22。
〔註66〕同上註，頁 35。

　　後來開墾的面積逐漸擴大也縮小了原住民的鹿場面積，而清代又對平埔番課徵所謂「餉稅」，《諸羅縣志》卷六〈賦役志餉稅〉：

> 陸餉，番社餉也，……康熙 23 年歸入版圖，權社之大小，歲徵餉若干……。水餉者，樵採捕魚之船，以所載其擔數而徵餉……〔註67〕

新政府的到來，對於原住民開始徵稅，不但以"人"爲主的「丁口稅」，連陸地、水上都要列入徵稅，讓原住民的生活漸有所困頓，故高拱乾爲詩提出嚴重的關切：

〈東寧十詠之八〉：

> 竹弧射鹿萬岡巔，罘網張魚百丈淵，
> 幅布無裙供社餉，隻雞讓食抵商錢，
> 文身纏起瘡痍色，赤手誰將垢骹湔，
> 爲語縮符銜命吏，遠人新附倍堪憐。〔註68〕

弓箭射鹿，製網捕魚，原始樸素的快樂生活方式，等漢人來到，織布自己無法使用，必須拿出繳稅，養雞拿來抵錢，身上有病又有誰來憐憫，在這新加入的「子民」中，最弱勢的族群，竟受如此的對待，身爲高官的高拱乾都看不過去，記錄了此段漢人欺凌的諸篇，充份展現詩人維護正義的一面。郁永河曾憤憤不平記載漢人欺壓原住民的一段：

> 噫！蓋亦難言矣，然又有暗阻潛撓於中者，則社棍是也，此輩皆內地犯奸民，逃死匿身於辟遠無人之地，謀充夥長通事，爲日既久，熟識番情，復解番語，父死子繼，流毒無已……社事任其播弄，故社商有虧折耗費，此輩坐享其利……愚者不識不知，攫奪惟意，貧則易於迫挾力不敢抗……。〔註69〕

郁永河怒斥這些人視番人爲異類而岐視，並爲原住民喊冤（被社棍壓榨也不敢出聲，因社棍會在縣官前搬弄是非），存有正義之言，寫出不少詩篇，但其力量小，改善之處實在微小。但他們設身處地的爲原住民打抱不平，後在藍鼎元也在詩中提出理番政策，其中有爲原住民劃分區域，墾植的界限，不讓漢人隨便，毫無目標的濫墾，建立起秩序，多少也扼阻了部份奸民的強權豪奪，並積極的向朝廷提出施政之諍言，對清廷日後政策的決定，也常具有影響力，也改善了後繼者對於原住民的尊重。

〔註67〕周鍾瑄《諸羅縣志》，南投台灣省文獻會，1994，頁 96。
〔註68〕施懿琳《全台詩》（一），台南國家文學館，2004，頁 202。
〔註69〕郁永河《裨海紀遊》，南投台灣省文獻會，1992，頁 37～38。

清廷將台灣納爲版圖，已消滅反清復明的力量，而無意經營台灣，
對於台灣僅求安定，限制人民渡台，然而人民卻極爲積極，無視清
廷禁令，偷渡來台，越墾番界，而因此常形成地方的動亂，清朝治
台二百年來發生許多重大的變亂事件，形成台灣的動盪不安，社會
並不平靜，台灣省通志稿曾經統計有四十二次的民變，二十八次的
械鬥，共七十次的動亂。〔註70〕

起於移民的社會往往是不穩定的，移民來自中下階層，更是血氣方剛，來台
不乏作奸犯科之人，所以這些原是無業遊民的「羅漢腳」，流亡到台灣，他們
不能以坐待斃，只有鋌而走險，使台灣變成一個不安定的社會。在清康熙、
乾隆年代，移民人口急速的進入台灣，而耕地面積擴展速度無法滿足需要，
新移民無法有立足之地，於是越界開墾番界，形成漢番的緊張關係，同時閩
南人及客家人的開墾界線，引起衝突，語言的隔閡，及利益的衝突均是引起
相互猜疑的原因，同時漳泉械鬥也大都因土地糾紛所引起，尤其是農墾時期，
政府力量尚未組織而成，社會的結構較爲鬆散，農民自結成一股力量，來維
持社會秩序，而其領導人，往往成爲日後官府袪除不了的心腹大患，如此官
方正統的力量受到制衡，地方的首領就肆無忌憚的滋事，爲其利益而爭奪資
源。地方政府爲清除這股力量，於是產生一波波的變亂，朱一貴事件、林爽
文事件相繼而來，劉家謀在《海音詩》中曰：

草雞長耳亂經年，飼鴨狂徒更可憐；君看紛紛群蟻鬥，槐安一郡已
騷然。

詩註：「台地自入版圖，奸民十數亂，然多赤子弄兵耳。其釀釁也有
由，其燭幾也不早，蔓延日久，致動大軍，可勝浩歎，朱一貴居母
頂草地，以飼鴨爲生。」〔註71〕

社會動亂，詩家以最質樸的語言，來描述刻畫自身感受，詩人對於國事的感
懷最爲直接。以雞長耳做爲比喻，世事已亂，在鴨母王朱一貴的叛亂下，使
得台灣面臨到騷亂，在這些動態的鏡頭展示下，一層一層具體的意象展現而
出，詩本身的意象經過層層的傳遞作用，漸漸增強，擴張了人們感官的張力，
到最後「槐安一郡已騷然」，蹦出原有的張力效果，點出整個動亂的主題，社
會詩中點燃的是一份呼告，使全詩焦點可藉此烘托而出，達到詩中內涵訴求

〔註70〕陳紹馨《台灣省通志稿》，南投台灣省文獻會，1964年，頁193。
〔註71〕劉家謀等著《台灣雜詠合刻》，南投台灣省文獻會，1994，頁17。

目的。其另一首詩：

> 同是萍浮傍海濱，此疆彼界辨何眞！
>
> 誰云百世仇當復，賣餅公羊始誤人。〔註72〕

乾隆 45 年台灣械鬥，起因於閩南人與客家人，閩南人中的漳州人與泉州人，又有閩南人與原住民等所謂「八年一小鬥，十年一大鬥」，紛爭的社會中，紛紛擾嚷不停，禍連子孫，民間械鬥中爲爭資源、土地，此鮮明旗幟掛帥，而詩中開宗明義談及同源來自萍浮，卻紛爭於疆界，那有如百世之仇的爭鬥，這又有何意義。用質疑的語氣，卻敘寫一件往事，挑起讀者的感官世界，然後再用質問的口氣，交替的詰問，給予讀者的觸動去思考，有需要這些事情的發生嗎？用社會詩批判的角度來探求，此社會似乎是病了，詩中的諍言即順勢而出，在整首詩運用社會事件來刺激讀者的感官，再回朔事件的發生，來激發我們去檢視歷史，去反求諸己，而不再重蹈歷史的覆轍，作者用心良苦，字字由詩中蹦出，能點出社會問題，更令人有深刻之感受。

梁子嘉於清光緒年間，猶念念茲茲開墾荒田，其〈耕山行〉云：

> 烈山焚長茅，漫天焚老木，老木中焚空，茸茅山爲屋，茅根可伐，樹根難劚。輪囷離奇不受犁，枉用驅來繭棵犢。春初種菸，夏初種穀。五月綠雲收，八月黃雲熟。深冬百昌盡，猶見蔓菁綠。山肥稍縮，樹根稍禿。水工開浚，上引飛瀑。高高下下成良田，盡種黍稷與種稑。山高水深，水不上陸。蔗園茶隴，足供饘粥。君不見塞翁之馬有得失，耀德之陂旋反覆。耕山成敗人豈知，知者天邊兩黃鵠。吁嗟乎！老農耕田不果腹，不耕村田耕山谷。山中豺虎食人肉，今日吞聲向山哭。〔註73〕

刀耕火耨，用最原始開墾荒山，記錄著當年拓耕展耘的方式，留下那引水開圳，漸成梯田而種的記錄，同時在種蔗種茶中取得平衡，種田的辛苦，用本詩詮釋而出，「老農耕田不果腹，不耕村田耕山谷，山中豺虎食人肉，今日吞聲向山哭。」描述開發山谷，再辛苦都無所畏，但生番出草食人肉的恐慌，那裏是人能受得了，隨時受到威脅的事，詩中詳細做成記錄，尤如一首歷史記錄之史詩，將社會耕田狀態能將技術加以記錄，雖不見寫詩之技巧，卻充分刻畫出社會百態。

〔註72〕同上註，頁 17。
〔註73〕連橫《台灣詩乘》南投台灣省文獻會，1994，頁 252。

台灣古典詩自然寫作研究——明鄭時期至清朝時期

　　清代無論文人或遊宦之官對於當代社會、時事的關懷是無微不至的，同時對於社會詩的產生，也自有許多社會時事的觸發，台灣古典詩形成也因社會因素而產生，也因民俗風情、社會變遷、田地的開墾、漢番雜居中之影響而有所產出。

一、文化因素

　　R.Benedict 在《文化模式》中言及：

> 世界各地文化的形成，有各自不同的差異性，文化行為是地域及人為的產物。對於文化卻有統合的傾向，文化也會產生某些特殊的需要，由於這些需要的推波助瀾下，各民族逐漸形成經驗的統合，需要的迫切性愈大時，則相關的行為愈能達到相合一致的狀況，文化也成為滿足固有需要的策略〔註74〕。

　　曹永和在《台灣早期歷史研究》中提出：

> 台灣於荷蘭時期，始有組織性的政府建立，人民受到政府組織的建立，然後從事教化，荷蘭於明天啟4年（西元1624年）到大員（安平）建熱蘭遮城，開始統治台灣至明永曆13年（西元1661年）鄭成功驅逐為止，37年中，曾設立教會學會，以求馴服原住民，卻因其據台之宗旨在於經濟著想，只想利用移居台灣之漢人為其生產稻米、蔗糖，以輸往波斯、日本外，並用漢蕃交易，鼓勵漢人從事狩獵、農耕，將鹿皮收購再外銷賣出，對於地方用贌社制度，而允許漢人到各番社從事貿易的權利，西元1638年（明崇禎11年）在荷蘭、東印度總督的報告書中，為荷蘭從事捕鹿、種稻、種蔗、捕魚的漢人已有一萬一千名之多〔註75〕。

荷蘭重於經濟開發而疏於文化的傳承，至今僅有新港文書的流傳外，短期內，荷蘭文化也不及台灣，至鄭成功治理台灣時期，大量招徠漢人前來台灣開墾，尤其是台灣安定後，鄭氏發覺勞動力不足，乃命令將士把眷屬遷來台灣，並前往中國大陸招納因戰爭四處流徒的人士來台。據沈雲撰《台灣鄭氏始末》：

> 招沿海居民之不願內徒者數十萬人，東游以實台地，初黃梧艷沿海

〔註74〕潘乃德著，R.Benedict 黃道琳譯《文化模式》，巨流圖書公司，1993，頁 60。
〔註75〕曹永和《台灣早期歷史研究》，聯經，1979，頁 63。

－62－

多富商大賈，勸率泰奏遷海澄，內地民皆破產，哀號自盡，至是為成功所招。〔註76〕

依曹永和所估在鄭經時期，大陸移民數在十五萬至二十萬之間。〔註77〕

台灣人口在短時期內暴增，糧食、工作、教育問題立即浮現，明永曆18年，鄭經遂以陳永華之請，建聖廟、立學校，永華陳疏曰：

昔成湯以百里而王，文王以七十里而興。國家之治，豈必廣土眾民？唯在國君之用人求賢，以相佐理爾。今臺灣沃野千里，遠濱海外，人民數十萬，其俗素醇，若得賢才而理之，則十年生聚、十年教養，三十年之後，足與中原抗衡。又何慮其狹小哉？夫逸居無教，則近於禽獸。今幸民食稍足，寓兵待時，自當速行教化，以造人才，庶國有賢士，邦以永寧，而世運日昌矣。〔註78〕

於是選擇在寧坊，面對魁斗山建立孔廟，於永曆20年建成，開始興化教學，文化肇始，同時通令各社建立學校，並請大陸之教師前來教育學生，台灣之教育起飛，而培育人才盛於一時。以鄭經「祈雨未應自罪三章」，來分析詩起自於文化因素：

祈雨不來心未虔，皆緣予罪深如淵；
昊蒼若憫萬黔苦，早賜飛雲觸石天。
憂心祈祝須承虔，罪過深重若九淵；
俯看吾民哀謂若，一聲呼雨一聲天。
罪深山重降災燼，殃我群黎如此窮，
惟望昊天憐百姓，罰愆責過在予躬。〔註79〕

身為領導人因哀民間疾苦，長久不下雨，作物乾枯，糧食無以為繼，哀鴻遍野，鄭經乃親登祭台祈雨，老天乃不應，鄭經乃下詔罪己，此為其自責之三篇章。自古以來民以食為天，而荒年常成罪惡之淵藪，而鄭經在此時期，必念茲在茲於民，但為民祈雨尚未得應，更能檢討自己，用心未能虔敬，罪責於己，罪過太深，而無法得到上天的垂憐，此種文化，在左傳11年記載：「禹湯罪己，其興也浡焉；桀紂罪人其亡也忽焉。」蘇東坡曾諷刺

〔註76〕沈雲撰《台灣鄭氏始末》，卷四。
〔註77〕曹永和《台灣早期歷史研究》，聯經出版，1979，頁277。
〔註78〕連橫《台灣通史》，幼獅圖書，1992年，頁214。
〔註79〕施懿琳等編，《全台詩》（一）台南國家文學館，2004，頁168。

此種作法在於「罪己以數人心，改過以應天道。」爲詩雖爲罪己，實在爲天下蒼生著想，此種作法，百姓不但不認爲皇帝有所罪過，而是在爲他們著想，使得雙方利益均沾，也具有安撫之作用，爲政者施政手法存乎一心，妙哉！而在文化中常有特定的目標，來做爲人民行爲的指引，及社會制度的依據，因此每種文化均有各自不同的精神層面，其追求的目標也各自有不同的發展，在台灣文化也樂於接受外來的文化，在地原住民的「葛天氏」之民的樂天無爲之文化，對漢文化來的衝擊也只好接受，甚至平埔族全面的漢化。後來西方文明也造就了統一的都市文化，使世界各地變化日趨一致，加以媒體迅速的傳播，時尚的追求，有地球村的趨勢，使文化的入侵更爲快速，現代社會中因個人有較大的自主空間，有充分選擇的機會，但還是有所堅持，因此文化的本質尚不致於有全盤的動搖，許多民族也重視本土，本身文化的發展，更有所固守，因此才有各種文化特色的存在，今再以鳳山知縣宋永清〈新建文廟恭紀〉：

　　　　荷香十里地，喜建聖人居，泮壁流天際，圜橋架水渠，

　　　　千秋陳俎豆，萬國共車書，巍煥今伊始，英才自蔚如。〔註80〕

爲推廣教化，在高雄左營蓮池潭畔現舊城國小原址，興建孔廟，泮池流水面對十里荷池，景色優美，能千秋祭拜而萬國人民共享讀書之樂趣，記文化中喜事，漫延爲教育英才今伊始，開創文化新設施的舉動，爲全民歡喜事，文化觸動爲文記事，乃使記事詩亦成爲「詩史」其功用又大矣！宋元清亦有另一首〈過羅山有設縣安營建興學校之舉以紀事〉，亦同樣用一種欣喜之情，來面對興建學校的喜悅，而樂以加以記事，文化的綿延，當以立定心志加以建立，樹立良好的目標，以求落實於萬民，雖戰爭足以摧毀許多有形的建物，但消滅不了存於萬民心中的文化因素，待到戰爭結束，復原的工作，在諸民的心中，很快就會恢復到原有社會文化的核心，就以台灣爲例，日據時代，日本政府皇民化運動欲消滅漢人使用漢語，及宗教文化，如道教，結果於戰後人民療傷止痛，馬上恢復文化。至今漢語遍布，而廟宇更迭重建，建設得更巍峨壯麗，文化的延續是社會的核心，是任何人無法加以泯滅的。黃學明之〈台灣吟〉：

　　　　之二：漆身裸體類山魔，有古遺風不是愚，蔓草束頭分角髻，青筐
　　　　　　　歸市買陬隅，編莎似橐箍腰骨，截竹爲圜塞耳珠，蠻曲聽來
　　　　　　　無一字，行歌巖下採春蕪。

〔註80〕盧德嘉《鳳山縣系訪冊》，台灣省文獻會，頁 470。

之三：山花滿插鬢頭光，蠻婦蠻童一樣粧，久嚼檳榔牙齒黑，新成
　　　麯糵口脂香，草間察節知風色，日下承晴度歲霜，獨有生男
　　　無喜處，女郎求室迓兒郎。〔註81〕

黃學明先生以漢文化觀點來看台灣原住民的角度，在清康熙年間，以漢人開
發程度觀察原住民，當然會出現如此看法，如以近代知識發達，我們尊重原
住民的生活方式，再以同樣心情來看待，原住民自有自己獨特的生活形態，
我們必須尊重，更尊重原住民綿延流傳的文化，黃學明先生也記錄當年原住
民的用物及其生活方式，尤其在歌唱方面，雖然是「聽來無一字」，但布農族
的八部合唱是世界唯一的原聲合唱最渾厚、雄偉的唱法，在奧運會中原住民
郭英男的雄渾唱法，被列入爲主題唱曲，每種文化均有其獨特之一面，我們
必須加以尊重，而詩中存留著當年原住民原始生活方式，因有特殊之處才會
留詩以記錄而留傳下來，更因詩中文筆表現記錄保存可貴的文化，對於文化
因素而產生詩的寫作，意義十分彰顯。許青麟於清道光年間有〈敬摹亞聖像
立石台郡學宮〉，詩以記之：

巍巍聖德，孰與比隆，知言有素，浩氣常充，戰國邪說，莫知所終，
闢之距之，不愧禹功。乃審厥像，勒石鳩工，尊爲聖配，奉諸學宮，
其容作肅，惟貌則恭，蓬瀛瞻仰，多士尊崇，而今而後，吾道已東。

〔註82〕

用四言詩記載孟子聖像立於郡學宮，而藉之能傳播儒家思想，其「而今而後，
吾道已東」，道盡文化東傳之路，由聖像之豎立，爲地方人士之尊崇，來傳承
文化，在豎像之內涵，由詩中點出。本詩的結構十分緊密，前句的扭緊到後
句的呼應，使本詩陳現出堅韌的張力，對於要傳承儒道思想，能夠一語貫之，
並藉著其刻名形貌，「其容作肅，惟貌則恭」栩栩如生，來具有說服力，使讀
者藉此詩，想及亞聖孟子之言行，「闢之距之」之爲儒道之傳布而力辯之。首
句娓娓道出孟子其聖德藉以說服，接著「知言有素，浩氣常充」短捷有力，
給予整首詩貫穿的力量，然後張力由前而後到「吾道已東」，肯定自信的可以
把事情做爲整個託付，使整首詩飽滿自信的發揮，四言詩更盡其力道。清道
光年台灣進士施瓊芳以〈七夕〉敘寫在台之習俗：

靈匹雙星破鏡還，鍼樓想望渺河山。

〔註81〕施懿琳《全台詩》（二），台南國家文學館，2004，頁68。
〔註82〕施懿琳《全台詩》（五），台南國家文學館，2004，頁89。

饒舌烏鵲塡橋散，偷將密語傳人間。

昨夜初昏會漢水，唱到天街話未已。

擺脫往時傷別言，收淚牛郎悲轉喜。

女言久聚濛忘情，濃意都從離別生。

間歲參商一相見，便似初婚意喜驚。

君不見，下界長生密攜手，中道紅顏未白首。

華清夜夜竟須臾，銀漢迢迢獨長久。

日月正如儂梭忙，斗杓一轉又秋光。

終天海誓山盟在，只願神仙莫帝王。

思量聘債還天璧，盤古於今幾山積。

思量佳會算年涯，盤古於今幾七夕。〔註83〕

〈七夕〉爲聚少離多的喜日，牛郎織女的神仙眷侶生活，卻因烏鵲偷將密語傳人間，而落得一年只能在七夕這天相會，其本身故事的哀怨纏綿，帶動整個文化的內層，告知讀者如何來珍惜握在手中的愛情，同時七夕夜的須臾而過，換來又是銀河的長長久久相思夜，藉著七夕的語言，來傳達終身不渝的愛情，「終天海誓山盟在，只願神仙莫帝王。」回應著堅貞的守約，雖一年一度的相逢，也永遠把握這短暫歡愉的時刻，跨過鵲橋相會，而「饒舌的烏鵲」卻是讓好事成雙，最後一刻促成的重要因素，雖有贖罪的心態，深層的文化因素在裏頭，施瓊芳藉著七夕來點燃著心中的喜事，也爲讀者搭起一座愛的鵲橋，願意天下有情人皆成眷屬的心願，後用「盤古於今幾山積」，複用「盤古於今幾七夕」，層層疊複出，眞摯的情愛是千秋萬世無止盡的，也道出了文化更是綿綿長長久久的。傳承在一份搭鵲橋的心願中，我們也似乎在心中搭起這座永遠的文化鵲橋，也讓文化永永遠遠傳承，其實詩家所主張不必句句依傍事實，詩歌並非散文，不必落實，拘於形跡，常可藉詩句有所發揮，有泛寄之情而無直書之事，本詩藉牛郎、織女之典故，雖有所寄情予中，而詩中以表現海誓山盟之情，可謂堅貞不移。詩中更展現作者的人文精神與文化理想，創作之手法處處露出痕跡，以爲文化意涵之傳承，文化因素影響創作，藉此可知矣。

〔註83〕施懿琳《全台詩》（五），台南國家文學館，2004，頁393。

二、政治因素

　　詩的創作主流在於抒情，其具主觀的情志或判斷，常常握在於作者的心境，而吟詠風月，更是爲詩創作之大宗，但因於國家有重大時事發生時，詩人往往以其「悲天憫人」、「民胞物與」的精神去參與，將事實批判、諷諭，寄託於敘事當中，因政治事件起者屢見不鮮，清末馬關條約，割讓台澎予日本，乙未之役造成對故國的怨對，成爲上國的棄民，面對現實，不得不轉換爲積極的角色，林獻堂「將喪斯文當此日，騷壇旗鼓待重張。」藉著文字，抒發故國情懷常藉著事件發生及懷古之主題切入，而出現許多類比篇章來表達內心的興寄政治因素的詩作因而產出。台灣在政治更迭。時局之變亂時，產生大量詩作。鄭成功驅荷而後治台，即有無數詩篇，施琅攻台，鄭克塽出降，因政局的輪替，清朝政府遊宦詩人來台皆有所興寄，康熙時期，歷經平台，卻又有朱一貴之亂，幸由藍廷珍平之。雍正時期正值台灣安定開發初期，較平靜無事，乾隆時期又有林爽文之亂，道光年間台灣內部械鬥，中英鴉片戰爭，咸豐時期太平天國之亂，同治時期日本琉球人殺台灣原住民，光緒初期中法戰爭在基隆，甲午戰爭爆發馬關條約，割讓台灣、澎湖於日本，掀起風暴，爲影響台灣詩壇最大之政治事件，由此於台灣同胞恨事，因政治事件引起寫作之詩蔚爲大觀。台民面對千古未有之奇變，垂首頓足，欲棄田里內渡唐山則無家可歸，欲隱忍偷生，則無顏以對天下，乃群起抗日，成立台灣民主國，雖僅曇花一現，但影響台灣日後詩壇頗爲鉅大。今以出於政治因素之詩加以分析，清康熙時期彭夏琴，〈台灣七律〉四首：

> 臺灣絕域貢降箋，舉族歸朝盡內遷。
> 曆授堯封千載後，地開禹貢九州前。
> 人民半與魚龍雜，郡縣全依島嶼偏。
> 四十年來空倔強，至今始得罷樓船。
>
> 當年犀甲下扶餘，銜壁誰憐軹道車。
> 西市赭衣魂已渺，南朝紫蓋事終虛。
> 帆來日本通商近，邑改天興置吏初。
> 一自孫恩分戰艦，烽煙邊海幾坵墟。
>
> 高華遺嶼自隋朝，營壘依然識舊標。
> 淡水雞籠誰竟渡，颶風蜃市幾全消。

乘桴何意真浮海，叱石無能遠駕橋。

抽週可憐諸將士，不教辛苦說征遼。

窮島軍需飛檄催，蔗霜兼買鹿皮來。

生番禳社三冬集，互市洋船六月開。

浪嶠山形隨地盡，廈門風信逐潮回。

荷蘭故土非甌脫，窺伺將毋隱禍胎。〔註84〕

彭夏琴詩載於《廣陽進記》，詩中以清人身份詠鄭氏歸降之事，政治更迭，「舉族歸朝盡內遷」，歸順者必須服從安排，也道盡人間生死別離，台灣版圖又回歸，但那句「四十年來空倔強，至今始得罷樓船。」以勝利者的姿態來看，不禁為鄭氏出降事道盡無限哀傷，別人總是高高在上，吾人得以卑微以對，辛酸之淚，尤往內滴，「寧為太平犬，不為亡國奴」，的確有銘刻於心的感受。遙念當年武裝去攻台，如今謹留古跡供憑弔，冠蓋雲集之事如雲煙般消散，府邑更名，戰場已如廢墟。「干戈廖落後」，文人的筆調，對政治的變化，存有不勝唏噓之嘆。第三首談及台灣肇自隋朝即有人經營，遺留之營壘尚被當做標幟。浮海征討海事危阨，憐惜將士危命以待。最後敘寫台灣物質缺乏，謹能以蔗糖及鹿皮，來抵用開支，荷蘭人遠來窺伺，要再防止產生禍胎。關心國事，對新歸附的台灣也充滿期待，能夠歌功頌德後，窺得台灣之風情，牽涉政治易幟後的期待，油然而生。

初定台灣，施琅即命其文膽周澎書「平南賦」，對於此事歌功頌德一番，「由是橈鼓傳，干戈戢，唱天山之歌，勒燕然之筆，交趾之銅既標，淮南之碑亦立，捷音飆發於閩關，露布星馳於北極……」文中傳枌得勝，溢於言表，戰功輝煌，得意非凡，而施琅第六子，施世綸曾隨其父征台，後曾累官至兵部侍郎，有克澎湖詩云：

獨承恩遇出征東，仰藉天威遠建功，

帶甲橫波摧窟宅，懸兵渡海列艨艟。

煙消烽火千帆月，浪捲旌旗萬里風，

生奪湖山三十六，將軍仍是舊英雄。〔註85〕

意氣風發在歌頌康熙的恩威，再寫其父軍容壯盛，平台的功蹟，由文字中透露而出，氣勢磅礴中帶有驕氣，卻無人氣，未能以個人情懷，去檢視自我，

〔註84〕連橫《台灣詩乘》，南投台灣省文獻會，1992，頁19。

〔註85〕連橫《台灣詩乘》，南投台灣省文獻會，1992，頁21。

如能配合情感抒發個人日後抱負，則於真誠中見率性，將有青史留名之地，惜因殺伐氣濃，豪氣中缺以柔情，軍威中未有個性，徒增政治氣氛，而未有體恤黎民受苦之處，政途得意之詩稍有遺憾。

　　對於如何治理台灣，在清領台灣初期，時有爭辯，而施琅上疏力言，始保有台灣，否則清廷即棄台，而成為化外之地，朱一貴起事後，全島沈淪，又有提棄台保澎之論出現，藍鼎元對於治理台灣之事，更有主張，即要順其自然而隨時應變，不可因一亂事而主張要棄守，因藍鼎元於朱亂時隨藍廷珍來台平亂，著有「東征集」為當時軍中文書今觀其〈台灣近詠〉十首呈巡使黃玉圃先生：

> 東寧大海荒，從古無人至。明末羣盜窠，島彝互竊踞。鄭氏奄而有，
> 蔓延為導忌。我皇撻伐張，天威及魑魅；遂仗癉瘲鄉，文物漸昌熾。
> 川原靈秀開，鬱勃不可閉。式廓惟日增，蹙縮非長計。所當順自然，
> 疆理以時議。勿因去歲亂，畏噎却飯饐！去歲羣醜張，揭竿三十萬。
> 我旅一東征，倒戈雲見晛。七日復全臺，壺簞匝地獻。可知帝德深，
> 望雲爭革面。餘孼雖時有，死灰謀欲煽。旋起即撲除，夫誰與為叛？
> 當茲振道鐸，教化不容緩。民心原猶水，東西流乍變。棄之鋌而走，
> 理之忠以勸。〔註86〕

朱一貴起事後清廷派藍廷珍平台，藍鼎元參與其事，直接第一手資料，記敘當年兵荒馬亂之狀，東征集中留下征台珍貴紀錄，而本詩首對台灣歷中沿革加以陳述，而清廷撻伐鄭氏，乃使荒野之鄉，而有文明盛時，建議順其自然，勿因荒亂而放棄台灣，如踏上台灣這塊豐腴土地的宦遊人士，終因認同這塊土地，而主張不可棄離台灣。朱一貴的起事後，能七日復台，但民心之變，猶如流水之容易，所以呼籲在台之官宦，治理台灣要能深入、用心，否則到最後還是得兵戎相見。施政存乎一心，詩中皆為藍鼎元先生提供如何治理台灣，以脫去野蠻血腥之事，詩人懷著一份悲天憫人的胸懷，主動來規勸主事者，能以天下蒼生為重，表現對台灣的尊重，雖常掉書袋藏有歌功頌德之詞，然以台民之角度，來探討台灣未來之走向，在許多宦遊台灣之官吏中，尚稱廉明而能親民愛民者，台灣近代的變化，已成為遷客騷人創作的一個重要場合。

　　中日戰爭掀起波瀾，乙未之役李鴻章在馬關所訂條約，割地賠款，卻給台灣人民當頭棒喝，在光緒時期，台灣古典詩藉著諸種因素，發展成為高峰，

〔註86〕陳漢光《台灣詩錄》（上），南投台灣省文獻會，1984，頁204。

不只是本地文人的創作及宦遊人士也大量來台，增加了台灣古典詩的深度，其中乙未割台後，群情憤慨，找到宣洩之管道，其留下許多可觀之詩。今以丘逢甲〈有感書贈義軍舊書記〉為例：

宰相有權能割地，孤臣無力可回天，

啼鵑喚起東都夢，沈鬱風雲已五年。〔註87〕

丘逢甲已無力挽回割台之事實，又難以抵抗日軍，在極端的悲憤中，無可奈何的遠離台灣，內渡唐山。割台之事，傳至本島，全台譁然，義憤填膺，正在北京應試的學生，立即上書抗議，巡撫唐景崧在台灣士紳促擁下，成為「台灣民主國總統」，宣布台灣當家作主，展開對日抗戰，然而抵抗不了日軍，終於悲傷踏上離台之路，前二句詠事，後句敘情，詩中擁情，令人動容，丘逢甲對台有深厚之情，隔年又有「春愁」一詩，追思割台之事，更令台灣人民心酸：

春愁難遣強看山，往事驚心淚欲潸；

四百萬人同一哭，去年今日割台灣。〔註88〕

全詩未著一字政治，卻因政治而使台灣落入日人手中，悲憤感嘆之情，流露紙上，卻濕透紙背，令人動容。尤以「四百萬人同一哭」，絕非誇張手法，而卻詮釋得予人心血翻騰，即是今日看來，尤是字字血淚，悲嘆不已，對於斯人故國的懷念，譜寫出台灣歷史的悲劇，更讓人永遠聽到當時台灣四百萬人的哭聲，翻天覆地的景象，栩栩如生呈現在眼前，春秋之筆，勝過萬艘艨艟巨艦，深入人心，幸而台灣現在可當家作主，雖有強敵環伺，但吾等能乘先人之渡台理念，將能自立自強，以求對這塊土地付出一片赤忱之心。

　　自古以來，土地即是賴以為生，養育人民的母親，大家對於鄉土存有血濃於水的情感，愛護鄉土，愛護國家的觀念深植人心，欲割斷這條哺育的臍帶，誰都不予允許，戰爭常是割斷這條臍帶的利器，人類的社會也一直在上演這齣殘酷的戲碼，而詩人在亂離之中，因政治動亂必須遠走他鄉，出於無奈，遙懷家鄉的殘破，異族入侵，文化的摧毀，生活形態的改變，面對著大環境的遽變，而個人本身的力量無法扭轉，此時化洪流中那心靈的漂泊，那政治的威攝，那苟延殘喘思鄉之痛，引發悲歌，更使人同聲惆悵。政局動盪，黍離悲嘆，視死報鄉情的慷慨激昂文字陳現。積極入世的詩人，往往熱情擁抱群眾，為天下蒼生奔走呼號，丘逢甲那種不計個人利害得失，為台灣人民

〔註87〕陳漢光《台灣詩錄》（下），南投台灣省文獻會，1984，頁1002。

〔註88〕同上註，頁996。

最悲愴的告白，令人十分動容。在台灣古典詩的發展歷程中，每當歷經政治更迭，島內有動亂，或面臨國家戰爭等內憂外患之時，文人關心政治，憂傷時事感情表達特別激烈，朱一貴、林爽文事件、械鬥、中英鴉片戰爭、中法於台灣的戰爭及乙未割台，全台撼動，政治因素引出的悲壯史詩，已銘刻在每位台灣同胞的心中，屹立不搖。

三、詩社因素

陳丹馨在〈台灣光復前重要詩社作家作品研究〉：

> 台灣詩社之成立係早期結合文人，抒發胸臆、述志達道、撰寫風土民情、詠吟詩情，得以感賦時事，並彰德誌史，至乙未割台後，成為漢人互通訊息，傳播文化之唯一媒介，詩社之組成由福建移植而來。〔註89〕

清朝因科舉制度，讀書人以仕進官宦為目標，惟考試未進或宦途失意，常藉詩文以消除心中之壘塊，故結以詩社，相互慰藉，遊戲或避隱以忘懷，互相酬酢的文章更多，而在乙未割台前已有十一詩社的存在，由清康熙廿四年沈斯庵創立東吟社後，計有彰化鍾毓詩社、潛園吟社；林圯埔郁郁社、嘉義文彥社、新竹竹梅吟社、崇正社、斐亭吟會、牡丹詩社、荔譜吟社、浪吟吟社、海東吟社等成立，詩社連繫使台灣詩人與人民生活相互結合，尤以台灣常面臨戰亂、政治更迭不斷，「滄桑刼火之餘，消其抑塞磊落之氣。」成為民族精神所繫，由於詩社的成立，詩人有相互觀摩、激盪、創作的機會，對台灣古典詩的發展，台灣詩風的普及，及詩人的層出不窮，各領風騷，影響文風，實有倍增的助益。

> 詩社的成立也曾遇到挫折，清朝政府於康熙 25 年，因明朝遺民藉著詩社有創造言論的空間，而嚴令讀書人不可以結社，俞正燮在〈癸巳存稿〉中提及：「枉立社名，糾眾會盟，凡指刺往來，不得用社，用同盟字樣，違者治眾。」清初文字獄興起，嚴禁文人結詩社，清朝詩社在台灣並未漫延，然到後期唐景崧曾於光緒 15 年成立斐亭吟會，（斐亭在西定坊，巡道署後圍牆內），高拱乾於康熙 32 年作澄台記中敘及：「台灣之名，豈以山橫海嶠，望之若台……，匪特風雨晦明，起居息之所，耳目常慮雍蔽，心志每多鬱陶，四顧隱然，無以

〔註89〕陳丹馨《台灣光復前重要詩社作家作品研究》，東吳大學碩士論文，1990 年 5 月。

宣洩其懷抱，并所四省藩屏，諸島來往以要會，海色峰光，亦無由見，於是捐俸鳩工，略庇小亭於署後，以爲對客之地，環繞以竹，遂以「斐亭」名之，更築台於亭之左隅，覺滄渤島之勝，盡在登臨襟帶之間，復名之曰「澄」。〔註90〕

「斐亭」吟會乃唐景崧以高拱乾所建之「斐亭」爲名，並於光緒15年重修「斐亭」，因太夫人能詩，於是景崧邀其部下於閒暇時以文酒相會吟詠，每一題成，就請太夫人主許甲乙，宏揚詩教，於是「斐亭」吟會，逐漸傳播，因創作許多詩作，並於清光緒19年以「詩畸」名刊出，其中作品以唐景崧爲多，然作品質未高，詩鐘作品內涵常淪爲文字遊戲。無錬字可言，施士浩曾記斐亭吟詩經過其題爲：浴沸前一日〈唐維卿廉訪招同倪耘敬大令，楊穉香孝兼、張漪菉廣文、熊瑞卿上舍、施幼茂才遊竹溪寺，次廉訪韻〉之四：

去年吟社笑紛爭，消夏樽開不夜城。
今雨重招三島客，下風羣奉六如名。
花前泛螳新篇出；竹裏歸驪暮靄橫。
吏隱分途歌詠合，海天笙磬許同聲。〔註91〕

將眾人在斐亭吟詩的盛況記載下來，使大家對唐景崧重現台灣詩壇創作的盛況可以詳加記錄，使後世之人能瞭解到「三島」中之騷人墨客，常常來此吟詠，也成爲當時台灣的詩壇盛事，同時原詩在「消夏樽開不夜城」下註解，在夏廉訪於官署創「斐亭吟社」，文存有斐亭創社之事蹟，供後世可以回味詩社盛況。在笙樂的吹奏下「花前泛螳新篇出」，有詩社創作新的詩篇更會源源不斷而出。

唐景崧更於斐亭吟社時期創作有66首詩存於〈詩畸〉中，今以白燕及黑蝶爲題分析：

〈白燕〉：
梨花院落柳花天，形影分明瘦可憐。
金屋去來留本色，白頭羈旅負華年。
秋霜樓上佳人淚，璧月宮中狎客箋。
何處素心尋舊侶，徘徊王謝畫堂前。

〈黑蝶〉：
百花深處態輕狂，罰著青衣亦自傷。

〔註90〕高拱乾《台灣府志》，南投台灣省文獻會，1993，頁270。
〔註91〕陳漢光《台灣詩錄》（下），南投台灣省文獻會，1984，頁942。

夜夢園中原是漆，春甜鄉裏更尋香。

厭從樂府敲紅板，飛上雲鬟鬬素粧。

最苦捉來無覓處，烏紗窓下立斜陽。〔註92〕

景崧曾與劉永福破法軍，因功升台灣兵備道，光緒 20 年又爲巡撫，因喜愛之事，曾建萬卷堂，組「斐亭吟會」「牡丹詩社」喜好吟詠，白燕詩中以當年王謝堂前燕的典故來吟詠，除對時間的流逝有所感傷外，也僅以花月吟詠，未有其特殊抒情或社會寓意的存在。黑蝶中「夜夢園中原是漆，春甜鄉裏更尋香。」雖有莊周夢蝶之意境及典故呈現，但後續無法銜接用典後需有的回應詩句，顯有前後詩句未能搭配的感覺。因「春甜香」和「夜夢園」之詩意中未能有所對應。在黑蝶的飛舞中應爲一種理想，或呼應美夢有意境的漸伸漸遠，又談及捉蝴蝶的事情，即變成意境上下不能深進而破壞了整個畫面，因此詩會上的即席創作，如未能於事後再加以沈潛修改，常會於日後留下匆促之作，未能有鍊句、洗鍊的詩句出現，縱觀詩社的長處爲維繫文化的傳承，而作品的質量卻未能齊觀。

　　詩社形成社團方式，藉著團體與其他個人來相互傳達訊息，同時和外界互通信息，這和內在的溝通已產生祕密會社的功能，詩歌的創作因歷代的蘊涵傳統文化，常有一定累積內在的層深意識，人民在詩句中可以讀出共同的訊息，例如用典及代表的用語，彼此也可以達到意在言外的效果，對於「意」的使用，能有相互的默契，因此創造出一種志聚相投之人，可以隱密又自由的運用共通的語言，來傳達信息，未有如此涵養的人，往往未知詩中的文素是代表什麼？在特殊的環境下，詩社的成員均有相通的話題可以傳遞，乃形成詩社影響創作的主要原因。

　　清興文字獄又禁人民結詩社以來，詩社依舊有因應之道來活動，運用「詠物詩」，可以寄託、暗示、諷刺，不正面去直接表達，則往往安全又可達到抒發塊壘的目的，所以詩社成爲主要創作古典詩來源，最大催化的力量。同時地因詩社中，人員相互的認同、酬酢、相互作用的性質也高，積極主動的傳播，也獲得心靈的滿足，雖有清時期受到壓抑，亦是常如穿出牆角隙縫之野草，春風吹又生的戲碼，一直在重複的扮演，也成爲一齣看不厭的戲劇，時時有古典詩的愛好者前仆後繼的支持著。詩社中的發言，因遣詞用句有所潛藏，秘密言論空間，不易被發覺，也是詩社能夠永續生存之道。

〔註92〕陳漢光《台灣詩錄》（下），南投台灣省文獻會，1984，頁992。

第三章　台灣古典詩動植物詩的自然寫作

　　清初的文字獄及日據時代的言論受到箝制，詠物詩在寓言寓志上可自由發揮，因而帶動詩人廣泛使用。連橫於《台灣通史》〈藝文志〉中言：

　　　　夫台灣山之奇秀，波濤之壯麗，飛潛動植物之變化，可以拓眼界，擴襟懷，寫游踪，供探討，因天然奇境也，以故宦游之士，頗多撰作。〔註1〕

明白點出以台灣之天然奇境，在飛潛動植物之變化中，讓詩人找到題材，創作許多詠物詩，詠物詩中對動植物的寫作量多、質高，更是我們探討分析之對象。隨著人類社會之發展，精神生活逐漸超過物質生活的追求，脫離了野蠻社會進入了文明粗具的社會，常就近取材以歌其事，而日常生活中的動植物，為平常常「吃」的對象，以這些自然物來入詩，就是順手拈來一點也不費功夫，因此如《詩經》中，以動物來命篇名有四十多首，以植物命篇名也有六十餘首，飛禽走獸、動植物與早期詩歌有密切關係。孔子在《論語》〈陽貨篇〉：

　　　　詩可以興，可以觀，可以群，可以怨，邇之事父，遠之事君，多識於鳥獸草木之名。〔註2〕

孔子鼓勵大家多能認識草木、飛禽、習性、動作、或草木之顏色、特性、如何使用，均與生活有重大相關。當人與自然形成特定的關係，在詩歌裏物在人外，以人觀看審查的內容，即成為「詠物詩」，就創作的過程中在大自然界

〔註1〕連橫《台灣通史》，藝文志，台北幼獅文化公司，1992，頁479。
〔註2〕《論語》〈陽貨篇〉，四書纂疏，台北學海出版社，1977，頁327。

中鳥獸蟲魚、山林原野均有取材之物。創作詩歌的泉源，台灣古典詩中詠物詩寫作特別興盛，其有歷史因素及環境之因素：

一、歷史因素

清康熙、雍正時期，興文字獄，導致學術走入考據盛行，學者對於新事物抱有好奇心，求知心念下，創作「博物詩」，以吟詠動植物，同時也可避世，免於涉及政治有不同之解釋而遭殺身之禍，孔學詩教之義，亦云「多識於鳥獸草木之名」，受樸學的影響下，產生了文學中的博物觀，形成詠物詩即大量出現，同時詩詞中如直陳譴論，更會惹來禍事，運用詠物興寄的方式，除可深遠去發洩心中不滿，又可以將怨氣藏於文字背後，也使得當政者不易查覺而避險。

二、環境因素

台灣得天獨厚，物種多元豐富，與內地景觀、動植物相異其趣，清時宦遊人士來到台灣，看到如此風物，常有所震懾，自然開拓了文人的視野，激發了創作的情緒，朱仕玠在《小琉球漫志》序言中云：

> 凡山川風土，昆蟲草木與內地殊異者，無不手錄之，間以五七言宣諸謳詠，名曰小琉球漫誌，用以彰意念所寄。〔註3〕

詩人企圖以詩的語言去記錄物的真實性，居於客觀的美感中，透過語言的美化，使台灣的自然物忠實的呈現另一種風貌，郁永河在《裨海紀遊》中也忠實的紀錄所見所聞，均是留下了印證古今的重要資料，台灣的自然環境也造就了詠物詩的盛況。

詠物詩常用的語言不敢直露於外，而用譬喻的方式來表達，當為政者對文人嚴加控管，或壓抑使其不能抒暢己意，發揮所長時，文人即借助比喻方式來達到其「言外之意」的目的，清朝文字獄盛行，清康熙、雍正年間有更多詩是藉詠物詩來表達，其所用技巧即有比興的手法，劉勰《文心雕龍》〈比興〉篇：「且何謂為比？蓋寫物以附類，颺言以切事者也」，在鍾嶸《詩品》：「因物喻志比也。」比即為譬喻也；透過譬喻的方法，可以用甲物來比喻乙物，並透過使用譬喻的手法能使人引發某種聯想，使抽象化為具體，並容易體會它的含義，對於敏感的事物，也不會直接、露骨的描述，尚可規避政治的紛爭，也可以為自己留下事後的辯解，在政治渾沌、高壓手段的時代中，

〔註3〕朱仕玠《小琉球漫志》，南投台灣省文獻會，1996，頁4。

詩人尋求表達意象的方法，台灣古典詩中的詠物詩，常有意於言外的表現。
清咸豐年間詩人陳肇興在《陶村詩集》中有「南路鷹」：

> 海外無人到，鷹飛春已殘，中原人不識，認作雁行看。〔註4〕

表面寫南路鷹飛到台灣時，被人誤認雁來看，其實在台灣暮春時節，正是繁
花盛開，草木正美之時，台灣卻陷在民亂之中，而海外無人來關心，清同治
元年（西元1862年）戴春潮事件使彰化城陷，陳家八口避難到牛牯嶺，眼見
這些南路鷹猛禽，其實是指戴春潮這些人的民變部隊作亂時，海外卻無人來
支援，「中原人不識」，更認為清廷人不認識這些民變部隊力量的勇猛，卻當
做如雁般溫柔的人來看待，難怪無法平亂。到清同治三年（西元1864年）才
能平定，陳肇興為詩乃藉詠物詩而另有所指，其於戴春潮之亂其間所寫之詩，
常存有忠義之事蹟，故陳懋烈曾題其詩稿謂「數載書生戎馬間，杜陵史筆紀
瀛寰。」詠物詩的言在意外，此時可窺探而出。

第一節　詠物詩中動物的自然寫作

　　台灣位於亞熱帶地區，氣候溫暖，雨量充沛，山巒起伏綿延不絕，溪谷
縱橫，地形齊備，有平原、沙洲、盆地、丘陵、台地，景觀優美，孕育著種
類龐雜的動植物資源。明清詩人到此地，目睹各種自然生態現象變化，但用
古典詩形式，讓我們瞭解過去三百多年的自然生態。動植物最基本相同之處
是在於他們都是生物，具有生命，有新陳代謝、生長、生殖、演化及感應等
生物特徵。動物更是一個具有完好組織的形體，有生命、感覺和具有很強的
運動力，並且能行異營性生活方式，運動耗能，身體各部的肢能運動均會耗
損能量。人類主要以九種動物和三種植物為食，約有二十種植物為人類重要
的糧食，所以動植物成為人類首要的保護目標，現在因人類常過度使用環境，
造成其他生物的滅絕，重視自然生態保育，成為很重要的課題。對於三百多
年以來的自然生態，曹永和《台灣早期歷史研究》中：

> 透過台灣古典詩的記載，我們也可以從詩中來瞭解，當年動植物繁茂
> 的盛況，如原遍布台灣的梅花鹿在明天啟五年（西元1625年）荷蘭
> 巴達維亞城日記，四月九日記載：在台灣每年可得二十萬張鹿皮〔註5〕

〔註4〕陳肇興《陶村詩集》，南投台灣省文獻會，1994，頁66。
〔註5〕曹永和《台灣早期歷史研究》，台北聯經出版公司，1997，頁57。

至今台灣眞正野生的梅花鹿已不見，僅有墾丁公園後來野放於社頂公園的梅花鹿群而已，其餘尚有少數水鹿族群活動於中央山脈之中。郁永河在《裨海紀遊》中〈土番竹枝詞〉記載：

> 竹弓楛矢赴鹿場，射得鹿來交社商，家家婦子門前盼，飽惟餘瀝是頭腸。〔註6〕

外力未進入台灣時，平埔原住民自由自在無憂無慮的生活。待清政府勢力伸入台灣版圖，社商標到畫地爲限的區域，在此區域向政府繳納一定稅金，即可去搜括該地域的物產，而形成番人射得鹿隻，要拿去充當社商的稅賦，只能留下鹿頭及腹內物來食用，道盡漢人欺壓原住民的實證。茲將明鄭時期至清代以連橫所著《台灣詩乘》一書中各詩家對動物自然寫作加以統計分析。

《台灣詩乘》中提及之動物經加以統計，其中傳說中之動物如麒麟、龍、蛟、鳳等不予列入：

《台灣詩乘》各家詩中動物統計分析表

類　別	科　別	出現次數	別　名	合　計	備　註
鳥類	雁	11	鴻	37種	
	雞	25	金雞		
	鷗	16	白鳥		
	鷺	6			
	鶴	23			
	燕	10	海燕		
	布穀	1			
	畫眉	2	四眉		
	子規	12	杜宇、杜鵑		
	鷹	2			
	鷙	2			
	鳶	3	老鷹		
	鶩	1	鵬		
	黃鵠	2			
	鴟鴞	10	梟		

	鳩	3			
	鵝	4			
	倒掛鳥	2	懸羽		
	鳩	4	班鳩		
鳥類	蔣鵲	1	喜鵲	37 種	
	梟	4			
	鷉	1			
	鵲	4			
	鴝鵒	2	八哥、鸜眼		
	翡翠	1			
	鴨	3			
	雉	2			
	深竹	1	竹雞		
	鷺	5			
	鸕孳	1	鸕鶿		
	鴉	7			
	鸛	2			
	鷓鴣	1			
	雀	1			
	鴛	1	鴛鴦		
	鷁	3	水鳥		
鳥類	鸚哥	2			
	黃鸝	1			
水棲類	蟹	2		17 種	
	蝦	2			
	鯨	11			
	鱸	1			
	江豚	1	河豚		
	玳瑁	2			
	紫貝	1			
	烏魚	1	鯔魚		
	鯉	1			

	蠣	2	牡蠣		
	蟳蟝	1			
	沙蟲	1			
	虎鯊	1			
	鯽魚	1			
	蜆	1			
	螺	2			
哺乳類	牛	7	犢、犀、野牛	11 種	
	羊	3			
	馬	12			
	鼠	2			
	駝	1			
	象	1			
	蝠	1			
	鹿	12			
	獐	1			
	犬	5			
	獲	1			
兩棲類 爬蟲	鱷魚	1		7 種	
	蝌蚪	1			
	龜	1			
	蛇	3			
	壁虎	1	守宮、蝘蜓		
	蜥蜴	2			
	蝸牛	1			
昆蟲類	蟬	5	蜩	5 種	
	蝣浮	1			
	蟋蟀	1			
	紫蝶	5			
	黑蝶	3			

　　依表中所列鳥類最多計有 37 種，現今台灣發現之鳥類有 458 種，因古人尚未有科學的分類方式，加上當年沒有現今的精密望遠鏡來觀察，所見之鳥

就未能加以細分，如猛禽類的鷹、鷲、鳶……等現今依台灣野鳥圖鑑可組分為 23 種之多，同時依文學家筆下也是粗略的方式表達，不像科學家去分屬、綱、科、目精確分類，在此表中，因無法完全精確的對照現有動物的名稱，因此採大致分類的方式，分為鳥類、水棲類、哺乳類、兩棲類、昆蟲類，五類加以分別探討。

在動物的自然寫作中，對於表達的意象常有各種代表的意涵：

一、自然物的產出豐富：

淡水黃敬於〈雞籠竹枝詞〉中云：

> 萬頃波濤一葉舟，無牽無絆祇隨流，須臾滿載鱸魚返，販伙爭沽鬧渡頭。〔註7〕

在基隆對面的海域，萬頃波濤中，自由自在的一艘小船，隨波逐流中很短時間就抓了滿船的鱸魚回來，可見當年季節中鱸魚的產量是多麼的豐碩，也滿足了碼頭魚販爭相來購買。

蔡文於《淡水紀行詩》〈後壠港〉：

> 雙溪奔流西入海，海勢吞溪溪氣餒，
> 銀濤翻逐綠波迴，遂使溪流忽改道；
> 番丁日暮候潮歸，竹箭穿魚二尺肥，
> 少婦家中藏美酒，共夫倒酌夜爐圍，
> 得魚勝得獐與鹿，遭遭送去頭家屋。〔註8〕

在後壠港中捕魚，原住民日暮潮退時，用竹箭來射魚可得許多肥美的魚，比射得獐、鹿還高興，同時還可常常送到頭目家去，可見去捕得魚的數量之多，表現出自然物產的富饒。

劉家謀海音詩第七首：

> 魁斗山頭弔五妃，鄭壤芳塚是耶非，
> 年年琅嶠清明節，無數東來白雁飛。〔註9〕

詩中自註五妃墓在仁和里魁斗山，鄭女墓俗稱小姐墓，鄭成功葬女處，在鳳邑琅嶠山腳。每歲遇清明節，烏山內飛出白雁數百群，在墓前悲鳴不已，夜宿於蘭坡嶺，其明日仍向烏山飛去，一年一度俗謂鄭女魂所化其然歟？

〔註7〕連橫《台灣詩乘》，南投台灣省文獻會，1992，頁 152。
〔註8〕同上註，頁 39。
〔註9〕劉家謀《海音詩》，台灣省文獻會，1994，頁 6。

依劉家謀所註，在鄭成功女兒埋葬的地方，是在現今恒春地區的山腳下。而清明節所飛來的白雁群乃是候鳥，即將北返，以現今恒春地區北飛的候鳥，有灰面鵟大、中、小白鷺鷥、黃頭鷺、小水鴨等，常會於北返過程中，以恒春地區為歇腳處，隔天再飛，所謂的南路鷹（灰面鵟）其數量為「數百群」，可見無論文中「白雁」所指的是鴻雁、白鷺鷥或灰面鵟，其族群數量「數百群」，量多是不必懷疑的，可見台灣的生態族群是豐富的。

台灣物產富饒，自然風物豐富亦可由詩中篇章窺探而出，「台地一年耕，可餘七年食」〔註10〕「白鷺低飛九里洲，梅花萬樹壓溪流。」〔註11〕（出自符兆綸，卓峰詩草）「年年捕鹿丘陵比」〔註12〕（蔡文潛水紀行詩）「傀儡之山有美石，小者如掌大如席」〔註13〕（彰化縣志傀儡石觀歌），由耕田一年收獲有七年餘糧可知台地土壤富饒，同時「梅樹萬棵，每年捕鹿如丘陵」般高皆證明台灣物產鼎豐，描刻動物詩句中充分表達出自然物量豐富。

二、以自然物為詩

在台灣古典詩作品中，對清朝的吏治，賦稅均有所諷喻，宦遊人士富有正義感之士，如高拱乾、夏之芳、藍鼎元敢直接以詩直諫外，有些人不得不用詩來諷喻時政，在道光以後，有洪揚之亂，也影響台灣本島之物質生活，台灣米雖多，但受外銷影響，資源分配不均，窮人增多，台灣諺語中有「富人一席飯，窮人半生糧」，詩人反應社會狀況最為敏銳，於是藉著自然物之寫作加以諷喻。

劉家謀《海音詩》中第九首：

　　一甲徵租近一車，賦浮那得復言加，

　　多田翁比無田苦，怕見當門虎老爹。〔註14〕

詩中註明，台灣地狹但所徵之賦稅比內地還多，讓有田比無田還苦，繳不起稅的人更馬上被拘押加以荼毒，此為賦稅過重最佳寫照，以證明清代的苛政。

《海音詩》第十首：

　　有田翻得免催科，納賦人無半畝禾；

〔註10〕藍鹿洲呈黃玉圃侍御十首，見詩乘，頁42。

〔註11〕連橫《台灣詩乘》，南投台灣省文獻會，1992，頁184。

〔註12〕同上註，頁39。

〔註13〕同上註，頁81。

〔註14〕劉家謀《海音詩》，南投台灣省文獻會，1992，頁7。

鳧雁秋糧自狼籍，南山鳥墜北山羅。〔註15〕

對於大戶人家田園愈開愈廣，足以繳納賦稅，貧民要納稅卻無「半畝禾」，就像飛鳥「澤鳧、鴻雁」般自無秋天的糧食可留，南山的烏鴉都要墜入北山的羅網中，不得翻身，以三種鳥來做爲比喻，那些付不出稅賦的人民，家謀在前詩中自註「追呼之慘，稱貸之艱，有不忍言者矣！」，田地昔值百金者，今僅及半焉，鬻之則虧資，存之則受累民亦何樂求田耶。」賣田去繳賦稅均不夠，要貸款繳稅更困難，家謀有些地方「不忍言者」，透過鳥類來諷喻時政，爲民伸冤。

《海音詩》第十五首：

> 真教澎女作台牛，百里飢驅不自由；
>
> 三十六邨歸未得，望鄉齊上赤嵌樓。〔註16〕

用澎湖諺語：「澎湖女人，台灣牛」來表示澎湖女人像台灣牛般的勞苦，咸豐年間，澎湖鬧饑荒，澎湖女孩被載到府城來賣給富人爲婢女有幾十人，徐樹人去告知富紳們出錢贖回，先行收養，待稻米收成後家中有食物，再載其回家。用水牛來比喻人生之勞苦，諷刺當局未能將人民照顧好，更是清廷之苛政於民。陳輝的《買米詩》更道盡其中之苦：

> 米市三百錢，瞠瞠纔一斗……官司榜平糶，人趨惟恐後……窮廬有寒士，捉襟常見肘……三炊雖舉火，茹草兼飯糗……高堂有老親，幼子尚黃口，仰事與俯畜，詩書非瓊玖，欲賣不值錢，換米祇取咎……。〔註17〕

米貴傷民，連爲官者亦因詩書也無法換得一飽，可見苛政之時人人枵腹，無以溫飽。用自然物以諷喻時政多矣，如：

> 山風縹緲剪霞綃，孤鶴嗷嗷寒淚凍，霧蓋狂塵憶兆家，世人猶作牽情夢〔註18〕（卓肇昌〈古橋謠〉）
>
> 野掠牛羊室括財，弓刀布釜盡搜來，可憐更有傷心處，掘遍塚墓拋殘骸。白雲欲晴黑雲雨，鵙鴣啼聲到耳邊，治人治法難俱得，大束小束堪嘆息，……興言至此顏厚有忸怩，試聽子規心測測……。〔註19〕
>
> （吳性誠〈入山歌〉）

〔註15〕同上註，頁8。
〔註16〕劉家謀《海音詩》，南投台灣省文獻會，1994年，頁6。
〔註17〕劉良壁《重修福建台灣府志》，南投台灣省文獻會，頁88。
〔註18〕連橫《台灣詩乘》，南投台灣省文獻會，1992，頁104。
〔註19〕同上註，頁134。

> 骨格拚教如瘦鶴；江湖何處不飢鷗。〔註20〕（陳茂才〈餐菊詩〉）
>
> 救荒如救焚，禍比燃眉慼，杯水投車薪，燎原勢難撲，歎息此時情，
> 鳥焚巢已覆，造急書交馳，清帑派施穀……。〔註21〕（蔡香祖〈請
> 急賑歌〉）

以「孤鶴嗷嗷」「野掠牛羊」「鷓鴣啼聲到耳邊」「子規心惻惻」「瘦鶴、飢鷗」
「鳥焚巢已覆」這些急切之詩來爲民伸命，「所志不在詩，因之寄懷抱，私冀
胸次問，與海同大小。〔註22〕（范昌治〈安平鎮詩〉）同爲台灣這塊土地付出，
於詩中寄於厚望，用詩以寓胸次中之冀盼，如蔡香祖的急賑歌獲得當時周芸
皋觀察前來澎湖賑災的立即回應。周芸皋《是役有撫恤六首答蔡生》其四：「蔡
生澎湖秀，作歌以當哭，上言歲凶荒，下言民芫孤……。」官府馬上有立即
之回應，此事眞難得也，也因蔡香祖詩中爲救民之語，其遣詞用句，直感動
人也，用許多動人的比喻「海枯梁無魚，山窮野無麥」「愁無山鞠窮，疾賴河
魚腹，藜藿雜秕糠，終餐不一掬。」難怪連橫在台灣詩乘評曰：「請急賑歌爲
救民之語，字字自肺腑出。」〔註23〕台灣古典詩的張力，由動物來譬喻其功
效之大，見諸文字。

三、以自然寫作來表現動物的特性

自然界的環境中動物的特性，以適應於整個自然生態環境之中，而台灣
古典詩的作者，能觀察動物的特性，以其所居之環境，動物的習性作息，將
之入詩並展現其個性，記錄其生活，如陳繩的烏魚：

> 碧玉元珠偏體摘，揚鰭奮鬣滿天池。
>
> 須知滬箔橫施處，要在葭灰未動時。
>
> 日映波光添繡線，鱗翻浪影簇烏旗。
>
> 江緇味薄河緇小，爭似炎方海錯奇。〔註24〕

烏魚又名緇魚，而此篇所言爲海緇魚，由日本沿東海南下，過台灣海峽時，
已大腹便便，卵黃纍纍，一年一度而來，台人謂信魚，過台灣海峽於巴士海
峽之七星岩附近產卵，回程已是「回頭烏」變「烏殼」較無經濟價值。烏魚常

〔註20〕同上註，頁 140。
〔註21〕連橫《台灣詩乘》，南投台灣省文獻會，1992，頁 163。
〔註22〕同上註，頁 120。
〔註23〕同上註，頁 127。
〔註24〕同上註，頁 123。

群聚，漁民以巾著網圍捕，往往每網千萬尾出現，其卵製成烏魚子爲貴重之禮物，可惜今因濫捕數量已稀少。詩中將烏魚「簇烏旗」群聚習性表露無遺。

　　孫元衡《赤嵌集》〈春興〉之六：

　　　　宜雨宜晴三月間，朝登島嶼暮沙灣，

　　　　噓雲晚日千金縷，腹海邊天兩碧環，

　　　　林下學占爭喚鳥，檻邊閒譯最深山，

　　　　一生心折陶之亮，止酒篇從此際刪。〔註25〕

原住民泰雅族有鳥占的習俗，相傳祖先外出遠行，無法判斷會發生的災禍，爲了避免發生事故，乃選希立克鳥來當占卜的鳥而淘汰了烏鴉，後來凡遇到重大的事情如開墾、狩獵、獵人頭、婚姻等重要大事必須舉行鳥占，希立克鳥即是現在台灣特有亞種—繡眼畫眉，泰雅族以牠的鳴聲，飛翔方法，距離以及飛翔重複次數等來預卜吉凶，成爲泰雅族人的靈卜占鳥，〈林下學占爭喚鳥〉即在描寫以繡眼畫眉占卜的事情。

　　　　荒墳草綠眠狐兔，寒雨清明枉斷腸〔註26〕（陳易佩〈乾寧靖王〉）

　　　　細載都來糖廍裏，祇留蔗葉餉群犀〔註27〕（郁永河〈台灣竹枝詞〉）

　　　　鵲巢忽爾鳩居，鵲盡無巢鳩焉徒？〔註28〕（蔡文淡〈水紀行詩〉）

　　　　到掛終嫌與物異，含羞却以向人同。〔註29〕（范九池〈婆娑洋集〉）

　　　　文禽懸羽息，沙蟹寄螺生，守拙蟱蛸隱，爭雄蜥蜴鳴。〔註30〕（孫元衡〈赤嵌集〉）

　　　　清泉自石通幽趣，野鶴溪鷗共素心〔註31〕（陳輝著）。

以上均以動物的習性寫作，狐兔的走動綠草荒墳中，牛群吃蔗葉，鳩佔鵲巢的習性，倒掛鳥爲可以在樹上輕易往下走，形成獨特的行走方法。倒掛，懸羽，均爲現稱爲茶腹鳾的鳥類。寄居蟹的殼可以隨意換，蜘蛛的躲藏，壁虎的鳴叫均是各種不同動物的習性洋洋大觀，均能有所記載。

〔註25〕孫元衡《赤嵌集》，南投台灣省文獻會 1994 年，頁 28。
〔註26〕連橫《台灣詩乘》，南投台灣省文獻會，1992，頁 18。
〔註27〕郁永河《裨海紀遊》，南投台灣省文獻會，1996，頁 14。
〔註28〕連橫《台灣詩乘》，南投台灣省文獻會，1992，頁 39。
〔註29〕同上註，頁 53。
〔註30〕孫元衡《赤嵌集》，頁 52。
〔註31〕連橫《台灣詩乘》，南投台灣省文獻會，1992，頁 93。

第二節　詠物詩中的植物自然寫作

在自然生態系中植物，為唯一利用太陽能量，來使簡單的物質，轉換為複雜有機物質的生產者。世界的植物將近有三十萬種，每一植物均有其獨特的遺傳基因和形態，而人類的主要食物供應植物約為二十多種。台灣因地處海島，植物分布多樣化，更有許多稀有植物，如不加以保護隨都有滅絕的虞慮，而奇特藥效植物如金線蓮，八角蓮也在大量採集下即將消失，更要嚴加保護。來台的宦遊人士，看到台灣的植物和大陸內地有所不同，有志者如孫元衡、朱仕玠等將台灣的水果、花草、植物等加以記錄下來，成為現今可對照的篇章，對於植物的自然寫作也留下了大量的篇章，台灣在植物的保育有上是個寶庫，植物接近六千種，苔蘚類有 1500 種之多，蕨類植物約 700 種，顯花植物有 3600 種，蘭花即超過 300 種，說台灣為蘭花王國不為過。據蔡惠卿編〈台灣的自然生態保育〉：

> 目前瀕臨絕滅危機的植物共計 129 科 340 種數量不少，企待大家共同愛護這塊土地共同來保護。〔註32〕

台灣府志中縣志、廳志、采訪冊、台海采風圖中均大量紀載植物類，而台灣古典詩中詠物詩大部份出現的植物，有詳細的附註說明。

郁永河於《裨海紀遊》中：

> 總論台郡平地形勢，東阻高山，西臨大海，自海至山，廣四五十里，自鳳山縣南沙馬磯至諸羅縣北雞籠山，袤二千八百四十五里，此其大略也。雖沿海沙岸，實平壤沃土，但土性輕浮，風起揚塵蔽天，雨過流為深坑，然宜種植，凡樹菽芃芃鬱茂，稻米有粒大如豆者：露重如雨，旱歲過夜轉潤，又近海無潦患，秋成納稼倍內地，更產蔗糖雜糧，有種必獲，故內地窮黎，襁至輻輳，樂出於其市，惜蕪地尚多，求闢土千一耳。五穀俱備，尤多植芝蔴，果實有番檨、黃梨、香果波羅蜜，皆內地所無，荔枝酸澀，龍眼似佳楊梅如豆，桃李澀口……番石榴不種自生……蕉子冷沁心脾……番果差勝，檳榔形如羊棗、力薄……椰子結實如毯……瓜蔬悉同內地，西瓜盛於冬月……皮薄瓤紅……綠竹最多……花之木本者曰番花葉似枇杷，枝必三叉，臃腫而脆，開花五瓣，色白近心漸黃，香如梔子……自四月至十月開不絕，冬寒併葉俱

〔註32〕台灣的自然生態保育，蔡惠卿主編，中華民國自然生態保育協會，1994 年，頁 100。

盡。草花有番葉茉莉，一花十瓣，望似菊既放可得三日觀，不似内地

茉莉暮開晨落，然番亦少遊焉。〔註33〕

郁永河將所見土壤、稻米、五穀、水果、花木略記載與中國不同者有詳細說
明，此先對台灣的植物有部份之記錄。其竹枝詞中有六首談及植物：

蔗田萬頃碧萋萋，一望龍葱路欲迷；

細載都來糖廊裡，只留蔗葉飼群犀。

青葱大葉似枇杷，臃腫枝頭著白花；

看到花心黃欲滴，家家一樹倚籬笆。

芭蕉幾樹植牆陰，蕉子纍纍冷沁心；

不爲臨池堪代紙，因貪結子種成林。

獨榦凌霄不作枝，垂垂青子任紛披；

摘來還共蔞根嚼，贏得唇間盡染脂。

惡竹參差透碧霄，叢生如棘任風搖；

那堪節節都生刺，把臂林間血已漂。

不是哀梨不是楂，酸香滋味似甜瓜；

枇杷不見黃金果，番樣何勞向客誇？〔註34〕

〈土番竹枝詞〉亦有一首談及植物：

種秫秋來甫入場，舉家爲計一年糧，

餘皆釀酒呼群輩，共罄平原十日觴。〔註35〕

郁永河詩中詳述蔗田種植面積，蔗葉更成爲牛的飼料，而番花形態又加註解
詳實記載，對日後考查更有價值，芭蕉特性要植於牆陰，檳榔無旁枝，惡竹
有刺，番樣如茄子具體描述，而種秫（小米）製酒共醉十日，使平埔族生活
之習俗呈現，郁永河的記實文學保留了植物的自然寫作，留下最詳實的記錄。

　　地球上生生不息是由於生物多樣性的存在，形形色色的生命世界中，每
一種生物均扮演不同的角色和功能，而植物可被人用來當成糧食，做爲建材，
成爲藥材，植物的纖維提供衣服的來源，原始森林的景觀提供休憩的區域，
植物更是人類食衣住行的經濟支援，台灣在洪荒時代，原住民早已懂得運用
植物，因無文字記載，僅以代代口耳相傳，海東文獻初祖沈光文肇始，即有

〔註33〕郁永河《裨海紀遊》，南投台灣省文獻會，1996，頁 11～12。

〔註34〕郁永河《裨海紀遊》，南投台灣省文獻會，1996，頁 14～15。

〔註35〕同上註，頁 44。

詠植物詩的寫作，台灣古典詩中之植物自然寫作，可分四類之寫作方式來說明：

一、以博物記錄寫植物詩

　　台灣植物多樣性，宦遊人士初履台疆土地，感受風物、景觀與內地殊異，見物新奇，興詠爲詩，其手法常以文學之博物觀爲之，孔子所謂「多識鳥獸草木之名」之儒家觀念，因有異於內地之物乃提筆爲詩，致使博物詩量豐富，由沈光文始至清末詩人，凡歷台地或居住本土詩人大都有所吟詠，以清王凱泰台灣雜詠之一：

　　　　競傳麻豆勝平和，秋日園林柚子多，

　　　　爛煮冰弨〔註36〕逾栗美，愛看染霧〔註37〕當橙樣；

　　　　綠添水色新番樣〔註38〕，青映山光上釋伽，

　　　　不特菩提稱佛號，天波羅又地波羅。〔註39〕

以麻豆地區出產的柚子、冰弨（蘋婆）、染霧（蓮霧）、番樣（土芒果）、釋伽果（釋迦）、菩提（羅漢果）、天波羅（波羅蜜）七種水果爲主題，除柚子內地有產外，其餘六種均爲台灣產爲內地所無，王凱泰除記錄七種水果外，每種均詳細加註，惟恐讀者看不懂，此詠物詩已無文學性，但卻忠實的記錄了植物的特性與名稱，具有博物誌的自然寫作，也爲當時留下記錄，此類博物詩在朱仕玠的《小琉球漫志》，孫元衡《赤嵌集》，六十七的《使署閒情》，范咸《台灣雜詠》特多，范咸在《木蘭花歌》前更加上八百多字的序言詳加考察，實爲博物詩之最佳註解，又范咸在《北行雜詠》第十首：

　　　　名花齊向膽瓶張，桃菊荷梅竟競芳，

　　　　說與中華人不信，老夫親見細聞香。〔註40〕

台灣氣候溫暖，將四種春夏秋冬不同時序的花，可放在一起插在瓶子中，在台灣本是一件稀鬆平常之事，而在內地則是一件不可可思議的事，難怪內地人不相信，而范咸將此事記錄下來，對於春桃、夏荷、秋菊、冬梅能同時出現也在「博物詩」中的自然寫作留下見證。

〔註36〕冰弨：蘋婆，水果名。

〔註37〕染霧：蓮霧，水果名。

〔註38〕番樣：芒果，水果名。

〔註39〕王凱泰等，台灣雜詠合刻，南投台灣省文獻會，1994年，頁73。

〔註40〕施懿琳《全台詩》（二），台南台灣文學館，2004，頁285。

二、植物詩以寄寓意

植物詩中常有其特性的蘊涵，詩人創作時，有言外之意，范咸在〈婆娑集〉中詠台灣花卉頗多，其在〈台江雜詠〉中寫「貝多羅花」：

> 貝多籬畔雪如堆，又見優曇花信催，
>
> 不向中原爭艷去，却依荒島避人來，
>
> 求仙敢問長生事，化俗還期治世才，
>
> 寄語海南勾漏令，丹砂莫載古船回。〔註41〕

由貝多羅花，花開如雪的盛景中，言及個人不向在北京的清朝政府「爭艷」去，反而身在荒島爲避開北京高官而來。藉著植物詩的寫作，而有所寓寄。

朱仕玠在《小琉球漫志》〈瀛涯漁唱〉中，有

> 凌晨香氣沁重衾，遠夢難成思不禁；
>
> 欲向花前問消息，家山西望海雲深。〔註42〕

藉著刺球花的香味，讓人遠夢難成，不禁思念起家鄉，而想向花前來問家人的訊息，只能西望家鄉在海雲的深處，因花香引起思念鄉關何處，寄寓之情，字間情深，顛沛流離之苦溢於言表。劉家謀在《海音詩》中以悲天憫人的情懷，寫到澎湖地區因不產稻米，而僅能吃雜糧，而爲居民有所呼應，在《海音詩》第十四首中云：

> 一盌糊塗粥共嘗，地瓜土豆且充腸，
>
> 萍飄幸到神仙府，始識人間有稻梁。〔註43〕

往昔澎湖人日常所食以海藻、魚蝦夾著番薯來吃，稱爲糊塗粥，而有機會到台南府城時，才知道有「稻米」可吃，可知澎湖地區人民生活之困苦，用吃的食物來加以表白，其悲天憫人、民胞物與之胸襟於詩中呈現。同情台灣民眾耕種卻無法獲利，而陷入失業苦境而創作的《海音詩》第十六首：

> 蜀糖利市勝閩糖，出峽長年價倍償，
>
> 輓粟更教資鬼國，三杯誰覓海東糧。〔註44〕

台灣本盛產糖、米，外銷內地及海外利潤不錯，使農民生活改善，而當年四川所產糖大豐收，物廉貨美，大家爭先購買，台糖因而滯銷，英國人又將呂宋米賣到中國，台灣多半就降價求售，貿易商因虧本而不再收購，造成農家

〔註41〕六十七使四署閒情，南投台灣省文獻會，1994 年，頁 42。

〔註42〕朱仕玠《小琉球漫誌》，1996 年，頁 40。

〔註43〕台灣雜詠合刻，南投台灣省文獻會，頁 9。

〔註44〕同上註，頁 9。

損失，人民失業在家，以植物甘蔗、稻米為對象，來道出農家之苦，藉物以寄寓於詠物詩中自然寫作亦顯現其功用。

三、以「水果、花卉、食糧」等類別表現植物詩

在台灣許多植物特產中，各詩家以水果、花卉等類別來分詠植物詩。孫元衡《赤嵌集》〈波羅蜜〉：

波羅門下樹亭亭，香蜜成方子更馨，

解是西來真善果，十分供奉佛青頭。〔註45〕

台灣以奇花異果著稱，水果香味襲人，令人垂涎欲滴，花木更是無處不有，整年開花，龍船花開遍山谷，時時似春，詩人吟詠創作，常有豐富之量。

潘鼎珪〈刺桐花〉：

東瀛若木噴奇觀，吐蕊鋪朱刺眼寒。

映日疑凝千滴血，烘雲全迸一團丹。

看培海國高文麗，似補中天正色完。

彩穎遙揮霞片片，驚翻斗際落星彈。〔註46〕

刺桐花為原住民的「年花」，每年刺桐花開即是原住民耕種的開始。

特殊作物檳榔，常有檳榔、椰子雜種在一起。范咸有檳榔：「南海嗜賓門，初嘗面覺溫，苦飢如中酒，得飽勝朝餐，種必連椰子，功寧比稻孫，瘴鄉能已疾，留得口脂痕。」檳榔的實況及種檳榔的方法，於植物詩中記錄得十分清晰、傳神。五穀雜糧因足以飽腹，故詩人更不吝創作，《小琉球漫志》言及〈香米〉曰：

熟番多於園中旱地種稻，粒圓而味香，名曰香米，又名大頭婆，甚為珍重，每歲熟時，以進首府二署。〔註47〕

台灣出產香米，范咸〈題褚太守祿觀稼圖〉：

北港地肥沃，種植恒不時，四月刈新穀，六月開新薑，十月收大冬，洵有不飲稀……動念仁民術，寫出豳風詩，美哉二千石，願更進微規。……〔註48〕

收割稻米早在四月即有收獲，六月又新播秧苗，十月更可以收晚稻，在體恤

〔註45〕孫元衡《赤嵌集》，頁64。
〔註46〕《台灣縣志》，頁275。
〔註47〕朱仕玠《小琉球漫志》，頁90。
〔註48〕施懿琳《全台詩》（二），台南國家台灣文學館，2004，頁269。

人民之時，更爲人民寫詩以記盛況，這是當時爲官，民胞物與之胸懷，以體恤百姓之寫照。植物詩中以水果、花卉、糧食，分類使各植物詩的自然寫作更明顯。

　　台灣古典詩中動植物詩的自然寫作中，完整保存，具珍貴記錄的是朱仕玠的〈海東月令〉，朱仕玠將所見所聞，仿廣東月令之方式而寫成〈海東月令〉，樸素無華中，將台地之動植物以詩歌形式的書寫，可視爲完整的，卻有植物誌的記錄，今錄於後：

正月

獻歲含英　　歌女鼓脰　　鶗鴂來巢　　丹鳥懸輝　　冬瓜蔓生

二月

春蜩送響　　貝多羅秀　　馬齒爭吐　　刺桐炫彩　　青蟳上市

三月

四英含蕊　　三月浪開　　鯊躋陸化鹿　　夏葉來　　早冬收

四月

白帶出水　　斑支成棉　　蘑葛花六出　　鹿始孕　　麻虱目呴雨

五月

桄榔子熟　　白鯹含漿　　番木瓜始華　　虎子插髻　　鳳梨初熟

六月

番檨登盤　　鱗介浮于海面　　荔奴朝主　　辣芥薦齒　　七里香實結

七月

檳榔實成　　玉蘭再華　　海魚遠逝　　尖仔競秀　　颶母見

八月

紅紗浮水　　鴛鴦種收　　仙丹霞爛　　月餅書元　　梨仔茇騰臭

九月

甲魚躍於淡水　　九月白收　　鳥榕更榮　　九降風至　　沱連垂英

十月

萬壽果成　　蟋蟀在野　　金鴨至　　塗魠集　　布種

十一月

塗刺款門　　蛞蝓停化　　海渚出　　鳥魚大上　　子菜生

十二月

烏魚歸　　過臘上市　　海鸛至　　雷聲間作　　元駒不蟄〔註49〕

朱仕玠將台灣物產依月令加以撰述，談及動物計有鳥類五種，昆蟲五種，軟體動物二種，哺乳類一種（鹿二次），魚類十二種，植物有五種，穀類六種，草一種，花十一種，水果八種，蔬菜四種及九降風一次，雷一次，月餅一次，海渚（沙洲）出現一次，每月出現五種風物，計十二月有六十種風物出現。明白點出風物、氣候隨時間有所變化，動、植物也隨季節而出，月餅在中秋出現，為民俗惟一臚列事件。

詠物詩中，詩家能現其外形，如在眼前，能透過文字，見於言外，後再讓讀者去體悟而出，內容寫得是具體的意象，但語言外的意蘊，常需透過詩中具體意象的描摹，再由閱讀者

去體會出來，此為詠物詩的寄寓情節，如朱仕玠在《小琉球漫志》〈瀛海漁唱〉中寫台灣稻米：

漫稱膏壤事耕深，有熟田疇力不任，

惟有東西二港地，小春時節出秧針。〔註50〕

有肥沃的土地有努力耕種的農民，連種兩次稻米還是無法有好收成，只有東、西港二個地方，在初春時節可以長出秧苗，事實上以詩人再如何努力及智慧，沒有氣候、地域的配合，要培養出人才還是會有問題，所以藉著具體的意象描摹，尚需要因象悟意。而台灣古典詩中自然的寫作，除將自然風物，以直筆方式描摹而出，也有許多「含不盡之意，見於言外」的地方，有些古典詩直寫，具有博物詩的特性，有些則是可「察而見意」的地方，讀者足以細細品嘗，以體悟先輩詩人的用心，詠物詩的自然寫作，也非全是寫自然而已，更有許多言外之意。

〔註49〕朱仕玠《小琉球漫誌》，南投台灣省文獻會，1996年，頁92～94。
〔註50〕朱仕玠《小琉球漫誌》，南投台灣省文獻會，1996，頁48。

第四章　台灣古典詩山川、海象詩寫作

　　台灣位於西太平洋邊緣弧形群島中，地理學家稱爲「花綵列島」，台灣正位居列島的中心點，此列島是亞洲大陸的太平洋沿海有兩塊板塊在這裏發生擠壓，爲歐亞大陸板塊和菲律賓板塊相擠碰撞，將原本在海底的沉積物，抬升到海面，形成花綵列島，台灣島也是在此片巨原的沈積層被擠隆起而形成島嶼。約三百萬年前經過一次巨大的碰撞運動「蓬萊運動」，形成現今的台灣島。

　　台灣是個年輕的島嶼，山地不但高，又高又陡，地質岩層呈斷層和褶曲，隨著山脈南北縱走的方向，爲南北狹長的島嶼。地表上因河流的作用，日積月累的形塑整個地表，因河流的沖刷及侵蝕作用，加上搬運的作用，使河流形成，台灣的河流短、流急、水量不穩定，深度太淺，影響到生態，水利灌溉、儲水、防沙工程，颱風期間形成土石流甚鉅。

　　人類和自然互動的自然空間中，山川雖常爲自然空間中的許多條件所限制，但人類與山川互動非常的綿密，山岳提供水源及休憩，河流與我們生活息息相關，運用水資源來維生，河流是流過人類的血脈，是重要的資源，現在從台灣古典詩中的自然寫作，和人們的互動，客觀的加以分析。

第一節　山川的自然寫作

　　在府、縣志中記載台灣山川，由於受之古代的交通，山勢綿延阻絕，人跡罕至，也因當時科技尚未發達，無法以科技加以實測，所畫之地圖，描述山之形勢，與實際相差甚遠，故不能以爲依據。同時在台灣古典詩中對山的描寫大部份爲近山，台灣百岳大山，原住民的控制在當時無受法輕易進入，僅能以遙

望而吟詠，如玉山積雪，以遠眺之印象加以創作，在開發土地周圍之山，乃是生活中互動，貼近之山，用其形勢加以吟詠，列入各地八景詩者也不少。

　　台灣由北到南，高度 500 公尺的區域，佔了全島的三分之一，顯示出台灣山地的起伏是相當劇烈。山坡的陡峭，也增加崩山、土石流等危險性高，台灣是山多平原少的地形景觀。宦遊文人涉足山水，即以山川為體裁加以吟詠，使山川形式得以記錄下來，郁永河在《裨海紀遊》中詳實的敘寫山川，實地的勘察，經過每條大川、河流，均印象十分深刻的記錄，而阮蔡文的〈淡水紀行詩〉也為北部留下不少深刻的文字痕跡。對台灣古典詩中山川之自然寫作，今分高山、河川部份加以探討：

一、對深山、近山的自然寫作

　　一般東來的漢人，歷經黑水溝的洗禮，在心裏均有再度重生感覺，初踏入西部平原，平疇沃野，草木繁花之景，猶如踏入蓬萊仙境，對台地即有一份患難與共的認同感，常因任職的地點，來決定走進山地的遠近，對此空間因素的介入，往往帶來情感的特質。詩人常要有「關注度」方能產生情感，對山的自然描寫可分有二：

（一）對遠距高山的嚮往而產生的自然寫作

　　由陳夢林的〈玉山歌〉以玉山望見的實景寫出：「不知何年飛海東，幻成三個玉芙蓉；莊嚴色相儼三公，皓白鬚眉冰雪容。」〔註1〕將玉山的主峰、北峰、東峰有具象的描繪而出，《諸羅縣志》〈山川〉篇：「三峰並列，遠護眾山，奇幻瑩徹，高出大武巒之背者為玉山。」〔註2〕陳夢林未能親自踏上玉山土地，用遠距離的觀測，幻化而成來寫作，玉山冬天冰雪之峰，最易辨認，以「光」「雪」「霜」「水晶」等自然物來寫出台灣景物之美，同時陳夢林於用讚嘆感慨的語氣，談到「自古未有登峰者」如有機會他願意跟從其探個究竟。後來章甫寫〈望玉山歌〉有「天蒼蒼、海茫茫，武巒後，沙連旁，半空浮白，萬島開張，非冰非水，非雪非霜。」末句「且將一片餘光好，袖來寶貴入時囊。」〔註3〕引來詩人無限的讚嘆。玉山的美，在當時因萬山阻擋，原住民出草區域，無法進入親近，產生了「距離的美感」，連望見都是很高興的事，「嗟乎！玉

〔註1〕陳漢光《台灣詩錄》（上），南投台灣省文獻會，1984，頁 196。
〔註2〕周鍾瑄《諸羅縣志》，南投台灣省文獻會，1993，頁 7。
〔註3〕陳漢光《台灣詩錄》（中），南投台灣省文獻會，1984，頁 554。

山願望幾曾見，我今何幸願爲償」〔註4〕，章甫對玉山的嚮往，眞是五體投地的喜愛。柯培元的望玉山「晶瑩一氣衝雲出；縹緲三峰削壁成。」〔註5〕黃文儀的〈玉山〉「展開晶屏二千里；爛開花木四時春。」〔註6〕用欣賞的角度以描繪自然景物爲主，充分運用實景及虛物企圖加以給予美化，玉山帶動距離雖遠，卻有無限豐富的感情存在。

（二）親炙近山實景踏勘的自然寫作

四周蒼翠蓊鬱的山岳，正是登高賦詩吟詠的好場所，於公暇邀友登山賦詩吟會，正是清朝文人雅事最喧騰的時機，其活動範圍，在公署附近，或前往任職道中，也有兼具探險而深入窺伺，甚而因特殊景觀如泥火山之爆發，引起注意的焦點，而有所創作描寫。如朱仕玠《小琉球漫誌》中記載「火山在諸羅縣治貓羅、貓霧二山之東，山之上，晝常有烟，夜常有光，在野番界內，人跡罕至。」鳳山邑云：「赤山一名火焰山，時噴湧出火。」火山詩云：「……入宵勢尤熾，光射倭人爐……修毛板拔茸，焱焱光騰杼，織成火浣布，被服驕疆禦。」〔註7〕

如依現今實際考察，可能在嘉義縣中埔鄉，至今鄉民尚可取其天然氣以燃燒爲日常之需。赤山之火山至今常於農曆新年前後噴發，赤山在屏東縣新園鄉的鯉魚山，現今的稻田及旁之水溝常有噴發情事發生。

陳文達的《鳳山縣志》中記載：

　　火焰山，港西里赤山之頂，不時山裂涌泥，而火焰隨之，有火無烟，

　　取薪芻置其上，則烟起。〔註8〕

此段乃記載現今屏東縣新園鄉的鯉魚山，不定時有泥火山噴漿而出，夾著大量天然氣體，如加以點燃，則轟然作響，燃燒不止，待氣盡而火滅。

另一景爲諸羅縣治玉案後山之麓（現今台南縣關仔嶺的水火同源），水和火同時噴出，蔚爲奇景，頗引起當地人的注意，知縣周鍾瑄聽此傳聞，也特別派人前往查看，果眞可看到這種奇景，《諸羅縣志》中云：

　　火泉，在諸羅縣治玉案後山之麓，有小山，其下水石相錯,石罅泉湧，

　　火出水中，有焰無烟，焰發高三、四尺，晝夜不絕，置草木其上，

〔註4〕同上註，頁554。
〔註5〕同上註，頁696。
〔註6〕同上註，頁733。
〔註7〕朱仕玠《小琉球漫志》，台灣省文獻會，1996，頁34。
〔註8〕陳文達《鳳山縣志》，南投台灣省文獻會，1993，頁163。

則生焰烈，皆化爲爐。……丙申三月，知縣周鍾瑄遣人視之，果然。

石黝而堅，傍石之土燃焦如石，於是好事者往觀之，然山徑險阻，

攀籐扶石而上，非有濟勝之具者不能至也。〔註9〕

宦遊之士，有冒險犯難之精神，周鍾瑄派人前往當時看來是爲「內山」的深山玉案山來探險，玉案山依《諸羅縣志》，〈封域志〉〈山川〉條記載：「自東而折於南，迴顧於北者，爲邑之左臂，曰玉案山（舊名玉枕），位居離明，方幅蒼翠是學宮之對山也，橫鋪如青玉之案，玉案之後有火山，火生於水，生剋之理，固有不可知者。」確定點出玉案山舊名玉枕山，即是現今稱枕頭山的關仔嶺地區水火洞（水火同源），朱仕玠〈火泉詩〉云：

貓霧接貓羅，二山若聯甌。其東競嶙溟，破瘴青烟舉。

入宵勢尤熾，光射倭人艢。想象垠崖交，磊落燖炰聚。

獨腳走且僵，安問麏與麈。石崩激砰磕，枯歕壓牽柱。

獰颷倏蕩簸，轉瞬添焦土。蘊隆朱菖窟，諒有千歲鼠。

修毛扳拔茸，焱焱光騰杼。織成火浣布，被服驕彊禦。

茲山神靈閟，有路不敢取。異物幸絕傳，諸番免圖圉。〔註10〕

火泉詩中自然寫作傳錄豐富，將水火同源奇景留下珍貴紀錄，據清康熙甲午、乙未年（西元 1714～1715 年）間，即有原住民發現，至今歷經三百年水火同源，依舊是「火出水中，有焰無烟，焰發高三、四尺」，2005 年初曾和家人前往觀賞，實景尚在，可見此奇景依舊存在。詩中提及「勢爭赤曦烈，焰破玄雲齻」，熊熊烈焰，依舊熾烈燃燒，並無稍減，同時在「綠烟噴榷枯」、「熺炭烟泉重，陰炎燔海沸」在附近的植物均被燒得枯萎，而無法靠近生長。對於同出的水，亦沸沸騰騰，具明描刻當時的「火泉」形態，在自然物的寫作中，具體又傳神的傳播實景，至今尤歷歷在眼前，以現今實景相證，毫無誇張，有具體之陳現。

火山之紀錄尚有鳳山縣的大小滾水山，依《鳳山縣志》〈封域篇〉〈山川〉條記：

兩山（指觀音山，七星山）相關，有泥水滾出，而大滾水，小滾水以名。〔註11〕

〔註 9〕周鍾瑄《諸羅縣志》，南投台灣省文獻會，1993，頁 284。

〔註10〕朱仕玠《小琉球漫志》，南投台灣省文獻會，1996，頁 34。

〔註11〕陳文達《鳳山縣志》，南投台灣省文獻會，1993，頁 6。

古蹟條記：

> 大、小滾水山：山不甚高，其上瀵湧出泉而溫，故名大滾水，又有
> 小滾水，與大滾水相去十餘里，脈絡聯屬如弟兄，但水源濁，故山
> 下所滙之溪亦以濁名，附近之田，資以灌溉焉。〔註12〕

大小滾水的泥火山現今依舊不定時噴出泥漿，蜿蜒流入附近小河中，此台地奇景，有附加一筆加以紀錄自然物以存證之。此皆泥火山奇景，詩家親炙踏勘而有實景的寫作。

山水本為沒有生命的自然景物，透過詩家敏銳的觀察刻畫，山水都會鮮活的紀錄下來。詩家更常在有志難伸時，投諸山水，加以創作，南宋詞人辛棄疾曾於〈賀新郎〉中有云：「我見青山多嫵媚，料青山見我應如是」〔註13〕之感嘆。仁者樂山，對於人類擴充愛人之心遍及萬物，「仁民愛物，民胞物與」的精神，產生萬物之情，對於來台宦遊之士及本地詩人亦常以秀麗嫵媚的青山為友伴，作為精神上的寄託，詩家如以青山之嫵媚來待之，料想青山看自己也十分可愛，山具有優美純潔、正直不阿的特性，和詩家品格高潔、剛直不屈有共同個性來相互欣賞，正是宦台詩人及本地文士最佳寄寓所在，以青山為詩，作品不少，同時由於近於眼前山色常為文人雅士可登高親炙，有許多踏勘實景之作品，其自然寫作的撰述更見豐富，今以鳳山知縣李丕煜「半屏山」詩作解析：

> 陡然拔地起，半擘凌芳洲，翠色空霄漢，嵐光瑣絲疇，鳥道晴峰拱，
> 雲帆碧海收，影入蓮潭水，千年勝蹟留。〔註14〕

半屏山近左營舊城，為詩人常登臨之地，本詩作於清康熙年間，以登上高約220公尺左右的半屏山，極目四望可以看到平原綠疇，外海雲帆飄蕩，蓮池勝景，皆歷歷在目，由平原中陡起的地形談起，綠洲、平原綠疇、晴峰、碧海、蓮潭自然景物，一一收攬於眼前，贊嘆千年留勝蹟，惜滄海桑田，二百多年後半屏山因採礦已矮化為不到 200 公尺，滿目瘡痍為前人所料未及。幸已停止採礦，半屏山現漸恢復生機中，已置木棧登山步道，提供親近山色之用。唐贊袞於《台陽見聞錄》中記載半屏山云：

> 半屏山在鳳山縣治東北七里，形如書屏，至蓮花潭，山忽截削數十

〔註12〕陳文達《鳳山縣志》，南投台灣省文獻會，1993，頁163。
〔註13〕陳桂芬編《辛稼軒詞》，台北莊嚴出版社，1986，頁126。
〔註14〕陳文達《鳳山縣志》，南投台灣省文獻會，1993，頁163。

似，肖屏風之半，因名。〔註15〕

因如屏風之半故名半屏山，距明朝所置萬年縣，清制鳳山縣城可目視而見，加上蓮潭盛盛景，常爲詩人吟詠對象。

陳輝〈瑯嶠山〉：

> 天南遙極際，跨海一峯青，地迎朝東水，人看拱北星，千層通翠幨，
> 四面是滄溟，力致檳榔貨，開山敵五丁。〔註16〕

瑯嶠山依唐贊袞《台陽見聞錄》紀載：「在恒春縣治南一百四十里，東北聯山，西南濱海，山多巨木，今造海船軍工匠屯駐其地，陸行必出入生番社，水行泛海九十里可至。」〔註17〕瑯嶠山現今恒春墾丁一帶，此地爲突出海面的一個大山峰，可以極目四望，海天一色之廣闊境界，也可觀測南十字星，自然寫作在此詩中表現最多，面對碧海、藍天、夜空、星座、山巒把墾丁地區的鳥瞰地形充分描摹而出，由此詩來看，詩家必親自登頂，極目四望而得之景觀，加以俐落真實的轉播，千層疊翠、峰青、晴空、觀星，至今在此活動，依然可以有所休憩，此地更已列入國家公園，保護自然物的工作更審慎執行，此詩自然寫作，更可探見一百多年前恒春墾丁地區之自然風貌。

楊廷理〈上三貂嶺〉：

> 衡嶽開雲舊仰韓，我來何福度艱難？
> 腳非實地何曾踏，境涉危機亦少安。
> 古逕無人猿嘯樹，層巔有路海觀瀾。
> 敢辭勞瘁希恬養，忍使番黎白眼看？〔註18〕

三貂嶺爲前往蛤仔難（宜蘭）的必經孔道，因東北季風強，陰晴難測，「瘴雨陰霾，終歲不開」，作者因晴天經過自認十分幸運，詩中言及親自踏勘三貂嶺，由古徑、猿猴、波浪、綠樹中自然物的寫作中，敘及登山之難，路徑之困，非親自體會無法得知其中苦楚，路徑因少人而有獼猴的呼叫，山徑的危險，腳要能踏到實地才會覺得危機的掃除而心安，古人篳路藍縷，劈荊斬棘，開路先鋒之苦，個中辛苦，冷暖自知。

〔註15〕唐贊袞《台陽見聞錄》，南投台灣省文獻會，1996，頁107。
〔註16〕陳漢光《台灣詩錄》，南投台灣省文獻會，1984，頁279。
〔註17〕同上註，頁108。
〔註18〕同上註，頁531。

同時場景清嘉慶年間，噶瑪蘭廳通判柯培元所寫〈過草嶺〉：

　　荒草沒人作風浪，我御天風絕頂上。

　　風吹飛瀑衝石過，霧漫前山殢雲漲。

　　老猿攀枝窺行人，怪鳥啼煙弄新吭。

　　千年老樹無能名，十丈懸崖陡相向。

　　下瞰大海疑幽冥，仰視天光透微亮。

　　安得化險為平夷，中外同歌王道蕩。〔註19〕

草嶺古道是由台北地區往噶瑪蘭廳（宜蘭）的古道，在此詩中有「荒草、天風、飛瀑、雲霧、老猿、怪鳥、老樹、懸崖、大海、天光」自然寫作，氣象萬千，在沒人的荒草中行走，猶如茫茫大海，苦風淒雨的吹襲、懸崖、奇石的阻擋，難怪有「蘭」道難，難以上青天的感受，路上又有老猿的窺探，怪鳥的呼叫，老樹的纏繞，大海的幽冥，那種陰風慘霧場景陳現，悽苦難越，幸而天光透亮，帶來希望，化險為夷，平安到達噶瑪蘭，難怪要歌頌皇天王道，有平安歸來的感受。自然寫作中有本人親身踏勘，領會那自然風物，使柯培元無以消受，通判到任後一月即離去，或許這些草嶺古道的考驗，使其動歸回內地的念頭吧！但柯培元纂成的《噶瑪蘭志略》卻詳盡紀錄宜蘭的風土民情，對當地文獻紀載有重大貢獻。

（三）遊仙詩中自然實境的寫作

　　台灣全境風景秀艷，雲霧繚繞，又位居海外，向來即瀰漫著神仙仙境之色彩，《史記‧秦始皇本紀》：「方士徐福上書，言海中有三神仙，即蓬仙、方丈、瀛州」〔註20〕，而台灣亦常有蓬萊、瀛州等名，而台灣古典詩中亦有文人藉其遊於實地再憑其想像空間，而有敘及仙境之寫法，但其仙境中又有自然實景的寫作，雖帶有神話意味，但其本身詩作言及實地，又可追蹤其實景之地。清康熙年間鳳山知縣宋永清〈過崗山〉詩云：

　　大崗山過小崗山，萬木蒼蒼一望間，

　　四野遙圍翠色迴，兩峯高接白雲間。

　　懸巖古洞藏金粟，怪石枯滕隱玉環，

　　幾欲登臨艱步履，夕陽斜照水流灣。〔註21〕

〔註19〕施懿琳《全台詩》（四），台南國家台灣文學館，2004，頁381。

〔註20〕司馬遷《史記》，台北藝文印書館，二十五史乾隆武殿影本，頁123。

〔註21〕周元文《重修台灣府志》，南投台灣省文獻會，1960，頁417。

大崗山為珊瑚石地形，其中石洞甚多，《鳳山縣志》〈古蹟〉條載：「石洞：大崗山之頂，蠣房殼甚多，滄海尋田，亦不知其何時物也。山上有湖，窅然無聲。」〔註22〕石洞為鐘乳石洞在大崗山中甚多，而常為詩人美化為神仙石洞，宋永清稱「古洞藏金栗」即常有神仙幻化之說，登大崗山見其樹色蒼翠，康熙年間曾為鳳山縣六景，「岡山樹色」為其中一景，而古洞、枯藤、白雲、蒼木，均為兩山峰之自然寫作景物，遊仙詩中自然寫出之流露也有具體之實境。

卓肇昌之〈古橘謠〉，前有序言：「昔傳岡山有石洞，樵人至絕頂，見石室一座，壁間留題畫蹟，登堂，有白犬迎人，環室皆橘樹，實如碗，啖之瓢甘香，歸謀再往，失其室，並不見有橘，事近幻，然亦奇勝也」，作〈古橘謠〉：

> 蓬萊宮前合歡樹，碧葉金衣凌霄塢；
> 朝餐五色文彩霞，露浥金莖廣寒府。
> 六月珠顆紅離離，樵者入山持雷斧。
> 仙室窅然幽以深，小苑叢叢石洞古。
> 洞門白犬笑人來，碧落峯前鷄鳴五。
> 抱牘壁間列素書，欲稽叔夜辨岣嶁。
> 羽衣高人玉煉顏，手把珊瑚拂雲塵。
> 贈我金瓣珠盤紅，晏晏並食不欲剖。
> 千頭木奴不記年，逾淮而北枳為乳。
> 金骨仙騎紅尾鳳，乘空回首笙簫弄；
> 山風縹緲剪霞綃，孤鶴咬咬寒淚凍。
> 霧蓋狂塵億兆家，世人猶作牽情夢。〔註23〕

古詩謠中卓肇昌以樵者入山來做安排，其中自然實境在岡山中有「石洞、山峰白犬、金雞、珊瑚、古橘、山風、孤鶴、雲霧」等自然物，在此山中有具體的自然景物，雖古橘、孤鶴並不一定有，但橘樹目前在大岡山亦可發現，而上窮碧落，下黃泉中，神仙洞府也有許多奇人異事的出現，而必有實境去藉以衍化而生，青山、奇峰、雲霧自然景物也蘊育而出，故實景中自然景物也必有所依據而寫。

施陳慶的〈鼓山行〉中亦言及「須臾山上有樵來，一擔枯株一柄斧，告

〔註22〕陳文達《鳳山縣志》，南投台灣省文獻會，1993，頁163。
〔註23〕王瑛曾《重修鳳山縣志》，南投台灣省文獻會，1993，頁473。

我曾知埋金事，笑指青山爲錢虜。」〔註24〕卓肇昌仙山謠：「山中局未終，人間幾猶柞千載歸來，不復知城郭。」〔註25〕均有遊仙詩中之仙境點出，惟其自然寫作之考察則較少，不足道出自然物的寫作。

二、河川的自然寫作

台灣河流棲地常是翠綠處處，青山疊翠，林木繁茂，雲霧氤氳的上游，再順流而下，常爲所有生物及人類賴以爲生的重要資源，台灣因山地多，地形陡降，河川短急，大多數河川平日無水，而颱風急雨驟降，溪流短時間暴漲，常釀禍成災，由於河道內水流快速，輸砂力強，水土衝刷作用強烈，不利於水質保持。在颱風季節，形成土石流肆虐，河川之整治，更爲不易，常形成災害。

在台詩家常以詩歌方式來表達大自然破壞力之影響，因其受創深刻，也常以長詩加以敘寫，就有許多談及自然寫作之處，郁永河於清康熙36年（西元1697年）農曆四月由台南出發前往北投採硫磺，途中遭遇溪水暴漲，渡河之時，郁永河有所記載，今於梅雨季節渡大甲溪時「至溪所，眾番爲載行李，沒水而過，復扶余車浮渡，雖僅免沒溺，實濡水而出也，渡凡三溪，率相越不半里，已渡過大甲社、雙寮社，至宛里社宿。」〔註26〕可知當時溪水暴漲，郁永河渡河困難之境。

台灣暴雨肆虐，河水高漲，河川相繼爲害，留有紀錄者以大甲溪爲多，阮蔡文於清康熙年間來台入北路參軍其作〈大甲溪〉：

> 崩山萬壑爭流瀉，溪石團團馬蹄蟄。
> 大者如鼓小如拳，溪面誰填遮疎密？
> 水挾沙流石動移，大石小石盪摩澀。
> 海風橫刮入溪寒，故縱溪流入鬢鬣。
> 水方沒脛已難行，水至欄腰命呼吸。
> 夏秋之間勢益狂，瀰漫五里無舟楫。
> 往來溺此不知誰，征魂夜夜溪旁泣。
> 山崩巖壑深復深，此中定有蛟龍蟄。〔註27〕

〔註24〕同上註，頁470。
〔註25〕同上註，1993，頁473。
〔註26〕郁永河《禆海紀遊》，南投台灣省文獻會，1996，頁20。
〔註27〕陳漢光《台灣詩錄》（上），南投台灣省文獻會，1984，頁191。

水勢千軍萬馬奔騰，溪石滾動如鼓拳，大石小石相激盪，很快的水勢淹到腳，
淹到膝蓋，到腰，來回擺渡也沒人敢橫渡，落水之人也只能當孤魂野鬼暗自
哭泣，大自然的力量太大了，人民無法與上天抵抗，自然的溪流瀑漲，滾石
紛紛，水衝沙石流動，海風刮入溪寒，水位快速漲起，山崩石落，自然寫作
中觸目驚心，像是得罪山神，人們因濫墾而得上天懲罰，詩句驚悚可怖，詩
人實際體驗，九死一生中也有銘刻於心的描述。

　　施玉在〈濁水溪〉一詩前序云：「水發源於生番內山，人跡不到之處，傳
聞泉脈甚清，南出刺嘴社乃濁，過沙連庄，會貓丹，蠻蠻兩社川流，西導牛
相觸山，滙而爲溪，水盡淤泥，故名。」其詩曰：

> 在山泉水清，出山溪水濁，君子惡下流，天下皆歸惡，嗟哉，此
> 溪水性殊，辱在泥塗惟所樂，藏垢納汙不須譏，幸免民間驚風鶴。

〔註28〕

濁水溪爲台灣最長河流，發源於合歡山，經盧山、霧社於集集前又接陳有蘭
溪，到二水和清水溪相結合而流出山地再流經平地出海，全長 186 公里。清
代施世榜首於二水建八堡圳爲當時台灣最大水利工程，因搬運泥沙量特別
多，一年四季河水都渾濁，故稱濁水溪，含沙量最高紀錄爲淡水河的十倍，
高屏溪的十五倍，施玉以山水在山爲清，出山爲濁來諭諷世人，以自然景觀
談到含沙量多的混濁，本詩較重於諷諭人性，自然寫作部份較弱。

　　陳肇興之〈大水行〉，談及木匠董文在濁水莊，大水淹至救人男女數百人
的實況。今觀〈大水行〉：

> 黑風吹海使倒立，百川水從內山入。
> 排雲駕雨鞭蛟龍，白浪高於天一級。
> 千年古木摩蒼穹，隨波漂蕩西復東。
> 砰巖撼嶽相激搏，巨石旋轉如飛蓬。
> 頃刻民廬看不見，百里哀呼叫水變。
> 緣木果然可求魚，爲巢自恨不如燕。
> 黿鼉白日上山遊，人鬼黃泉隨處現。
> 可憐環溪百餘家，一時淹沒爲魚蝦。
> 洲沉島沒無所避，誰肯中流浮仙槎。
> 濁水村翁老木匠，眼見波濤如海樣。

〔註28〕施懿琳《全台詩》（五），台南國家台灣文學館，2004，頁 19。

斬籐伐竹催乘桴，救得百人皆無恙。

翁非有餘欲市恩，動於不忍仁乃存。

世間詎乏千金子，目擊嫂溺甘不援。

如翁惻隱合天意，必有餘慶貽子孫。

君不見，宋祁救蟻中狀元，況乃回生起死人一村。〔註29〕

大水為虐形成自然災害，台灣中部於1953年「八七」水災，猶如眼前，而清咸豐4年（西元1654年）發生之大水，淹沒香園腳數十家，木匠董文出錢請人伐木製成木筏，再帶食物前往救援，救活男女數百人，而詩中描述由山上衝流而下的千年古木，和水流激石都是可怕之物，民房隨之淹沒。環溪百餘家皆沒有水，沙洲上的荒島也無所逃難之處，幸而董文出面去救人，詩文中見台灣颱風期間，溪水暴漲、古木傾倒、巖石崩落、巨石飛旋、房屋倒塌、人民飄流，這種惡夢，從古至今，一再上演，政府束手無策。大自然之力量無限，人民更要懂得環境生態保育，從根做起，土石流才不會一再出現。此詩的自然寫作，驚心動魄，如波濤洶湧而來，令人觸目驚心。

黃敬的〈淡江吼濤〉又是另一種奇景，在河海交會處出現潮水江水相互衝擊的自然現象，其詩云：

夜靜何聲入耳嘈，那知淡北吼江濤。

喧天不是因風怒，震地偏憐對月號，

雨後鳴時晴可卜，暗中響處雨相遭，

喤喤恰似雷霆起，醒覺潛龍萬里翱。〔註30〕

由淡水河中入夜的濤聲，乃因潮水湧入淡水河而起，也不是因風怒號，可是道地的「大江潮」，如遇下雨，河水上游衝下而來，下游大海潮漲，如此激發出有如雷起聲音隆隆的自然界力量十分神奇，詩中描述由靜而動的「潮水入江」「江濤滾滾」「震地月號」「雨潮相激」「雷聲暗鳴」自然寫作十分傳神，在淡水江海會合處，不斷上演，也衹能贊嘆大自然之力量，無所不在，此時行舟就必須特別小心，以免潮湧濤滾中，有所意外事端而起。

台灣地形複雜多變，地勢起伏不一，造就多樣獨特環境，孕育特有自然生態，在台灣古典詩中描摹山川形勢時，因原住民所住區域無法進入，故僅限於西部及宜蘭地區之描述，東部地區尚為闕如，於今科技發達，衛星由天

〔註29〕陳漢光《台灣詩錄》（下），南投台灣省文獻會，1984，頁802。

〔註30〕施懿琳《全台詩》（四），台南國家台灣文學館，2004，頁117。

空攝影，自然災害於短時間可見，如何使山川環境成為人們樂於親近休憩保護是當今重大課題，以台灣古典詩之創作，前後場景之對照，吾人當以自省，以免過度捕殺（如由每年可出產 20 萬張鹿皮，到 1969 年由原野中梅花鹿的絕跡），到棲地破壞，河川污染，此皆為緬懷自然寫作時，必須躬身自省之處，以為保護台灣生態環境而有所努力。

第二節　海象自然之寫作

　　浩瀚無際的太空中，地球為一顆具有活力的藍色行星，環境的改變使生命存活其中，地球表面也存有海洋，孕育生物的生長環境，今世界各大陸地靠著海洋連繫，除可運用航空器飛行外，海洋的發展，更是現今世界最重要的管道，自宋代以來中外交通的中心，由陸路轉向海洋，居於西太平洋中心的台灣，更是海上勢力交接的中心，引起世界各地列強勢力的侵襲，因此佔有地球表面四分之三的海洋資源，除漁業外，甚少開發，唐山過台灣對於海象的重視，在明鄭時期至清朝，因必須的往返於大陸及台灣之間，引發開發台灣最大的阻礙，還是來自海象是否瞬息萬變，因此海象成為最受注目的對象，許多渡台的人士，對於台灣海峽的氣象，更是無以復加的重視。橫渡澎湖台灣間的黑水溝，更是每位來台人士的夢魘，對海象的自然寫作，當然也就會藉此主題而有所發揮。

　　元順帝時（西元約 1333 年左右），汪大淵曾附搭海船，遠遊到南洋及印度洋諸國，將其見聞寫成《島嶼志略》一書，其間已提到「彭湖」，「自泉州順風，二晝夜可至」〔註31〕，當時已有泉州人定居「彭湖」過著半耕半漁的生活。明朝中葉以後，工商日漸發達，亞洲各國貨物交流頻繁，西方的帆船已可到達東方，在遠東展開國際商戰，海上航運交通頻繁，台灣位於航道中，地位日顯重要，同時大陸和台灣之間的「漢番」交易更是貿易量越來越大。台灣海峽船隻來往已經不可勝數，重視海象之觀念也因之而起。

　　明末流寓台灣詩人沈光文，就是於明永曆 5 年（西元 1651 年）從廣東潮州要渡海到福建金門，後再由金門搭船赴泉州時，到海口圍頭洋時遇到颱風的吹襲，竟然飄流到台海來，可見海象變化之深不可測。陳璸在清康熙 49 年（西元 1710 年）任分巡台灣道，其渡過台灣海峽時曾寫黑水溝，並加序言：

〔註31〕曹永和《台灣早期歷史研究》，台北聯經出版公司，1979，頁 7。

「大海洪波，實分順逆，凡適他國，悉循勢以行，惟台與廈藏岸七百里，號曰橫洋，中有黑水溝，色如墨，曰黑洋，廣百餘里，驚濤鼎沸，勢若連山，險冠諸海。或言順流而東，則爲弱水，雖無可考證，然自東浮去之舟，無一還者，蓋亦有足信焉。」其詩曰：

> 氣勢不容陳茂罵，犇騰難著謝安吟；
>
> 十洲徧歷橫洋險，百谷同歸弱水池，
>
> 黔浪隱檣天在臼，神光湧櫂日當心，
>
> 方知渾沌無終極，不省人間變古今。〔註32〕

黑水溝是台廈來往必經之地，在陳璸的形容下實是險惡萬分，同時渡海之士均視爲障礙。唐贊袞在《台陽見聞錄》中談及「黑水溝爲渡台最險處，水益深黑，必藉風而過，否則進退維谷。舵工云：常下鉛筒棕繩盡百數十尋，未及底。」〔註33〕海象詩中「弱水」「黔浪」「天日」「渾沌」自然寫作中的海象，處身茫茫大海中，有如「一葦渡江」之不可測，黑水溝海象更是觸目驚心，也成爲渡海人士最耽心的一件事。吳延華在〈渡台灣〉中云：

> 之一
>
> 君問台灣路，滄溟地欲浮，十更約千里，八字只孤舟
>
> 旁瞷金門島，橫衝黑水溝，目傳舊疆域，隋號小琉球。
>
> 之二
>
> 出海知前路，指南還向東，眞乘萬里浪，怕趁十分風，
>
> 鳥雀渺無影，魚駐自有宮，年來頌清宴，飛渡見神功。〔註34〕

在渡台的過程中費時十更約千里，僅憑孤舟橫渡，其利用萬里浪的海象，趁著吹著滿帆十分強風前往，讓橫越飛渡有如「神功」般的快速，海象的平靜，往往可平安渡過，如遇變化海象則隨時有沈船之虞，海象隨季節變化無窮，故每欲渡台之人無不小心翼翼的應付，對台灣海峽海象的描述有「回瞻黑奔渾，弱膽尚餘惕」〔註35〕（見朱仕玠由黑水溝夜泛小洋），「紅溝水霞赭，黑溝波沸湯」〔註36〕（劉伯琛，渡海歌），「巨津一望渺無邊，黑水翻騰在眼前；日月有光波黯黯，幾疑蛟室成煤窟，誤認龍宮況硯田，墨瀋潑來千萬頃，何

〔註32〕陳漢光《台灣詩錄》（上），南投台灣省文獻會，1984，頁151。
〔註33〕唐贊袞《台陽見聞錄》，南投台灣省文獻會，1996年，頁122。
〔註34〕陳漢光《台灣詩錄》（上），南投台灣省文獻會，1984，頁262。
〔註35〕同上註，頁406。
〔註36〕陳漢光《台灣詩錄》（中），南投台灣省文獻會，1984，頁662。

從辨得蔚藍天。」〔註37〕（烏竹芳，過黑水溝），「海角有路惟青天，海角有水如蒼烟，帆幅斜款高浪腹，船梢倒立遠峰顛。」〔註38〕（錢琦，後渡海歌），「黑溝驚狂瀾，橫洋畏屯蹇，傳聞弱水近，東去不復返。」〔註39〕（范咸，二十六日晚泊澎湖），「少焉紅溝映霞艷，倏忽黑蛟翻怒墨。」〔註40〕（張湄，泊澎湖），「守風七日藉風便，倏忽千里茫無邊，島嶼青青四山失，只見上天下水相膠連。」〔註41〕（胡建偉，渡海紀行）。海象千變萬化，由以上各家對黑水溝及海象的自然寫作中，但見海面如「煤窟」「翻墨」般的烏黑，在天象上更是忽而浪濤高漲，船斜帆張，忽而島嶼消失，四望天水相合，文人雅士歷經海洋黑水，莫不靜默祈求平安渡過，對於海象的自然寫作，諸家百花爭鳴表現手法各有不同，豐富的詩句，也充分表達海象的深不可測及變化多端。

〔註37〕同上註，頁655。
〔註38〕陳漢光《台灣詩錄》（上），南投台灣省文獻會，1984，頁375。
〔註39〕同上註，頁320。
〔註40〕同上註，頁295。
〔註41〕陳漢光《台灣詩錄》（中），南投台灣省文獻會，1984，頁437。

第五章　台灣古典詩自然災害的寫作

　　台灣的自然災害以地震、颱風、水災為烈，海象中有海吼為極特殊的自然災害，聞之令人喪膽，今將此依四類加以詳分說明。

第一節　地震的寫作

　　地震是威脅人類的主要天然災害之一，至今尚未能有預測的技術，台灣地理位置於全世界地震帶最頻繁的環太平洋地震帶上，如果發生規模 6.5 級以上的地震，常會造成重大的損害，1999 年 9 月 21 日的「九二一」大地震即是最明顯的例子。台灣因位於歐亞大陸與菲律賓兩個板塊的交會處，以每年大約 7、8 公分的速度相互碰撞，使台灣地區常有天搖地動的事發生。在台灣古典詩中對於地震的寫作也有不少篇章。在台灣的地震紀錄，從明朝天啟四年（西元 1624 年）到清光緒 21 年，曾經發生 95 次地震的資料〔註1〕，台灣地震的紀錄十分完備，現今觀測地震的研究，也藉助許多先進的科學儀器，加以縝密的紀錄。

　　黃玠璥在《台海使槎錄》中〈紀異〉篇記載：

　　　　荷蘭為鄭成功所敗，地大震，鄭克塽滅，地亦震。朱一貴於辛丑作
　　　　亂，庚子十月亦地震，維時，南路檑山裂，其石截然如刀劃狀，諸
　　　　羅山頹，其巔噴沙如血，土人謂兩山相戰。〔註2〕

可見台灣地震頻傳，其實非是有國家大事才有地震，而是當有國家大事時，

〔註 1〕姜善鑫等《台灣的自然地理》，行政院文建會中辦室，2000，頁 21。
〔註 2〕黃叔璥《台海使槎錄》，南投台灣省文獻會，1957，頁 78。

大家特別去注意是否有地震，以台灣地區地震的頻繁，確定每年都會發生，所以從前人之記載也沒錯。《台灣府志》在〈外志〉災祥條簡單記載：

> 康熙二十五年丙寅四月二十日辰時　地震〔註3〕

沒有說明地震是否造成災害。朱仕玠在《小琉球漫志》中的〈海東賸語〉（上），地震條記載：

> 往時地常震，每歲震動無常，或連日震不止。邇來八、九年間，地不震，或以為人烟日益幅輳，故地奠安，而不知實國家景運體隆所致也。〔註4〕

台灣地震有主震及餘震，前人不明事理，歸於國家之興盛，不合現今科技之時代。而面對地震，台灣地區的文人雅士又是如何寫出自身的感受。清道光30年（西元1830年）嘉義大地震，林占梅有〈地震歌並序〉，道光戊申（林占梅之記載有誤）仲冬，台地大震，吾淡幸全，而嘉、彰一帶城屋傾圮，人畜喪斃至折肢破額者，又不可勝計矣，傷心慘目，殊難名狀，今歲暮春，復大震二次。驚悼之餘，乃成七古一篇，歌以當歌，時三月初八日未刻也。其詩曰：

> 天朗氣清日亭午，閒吟散食步廊廡。
> 耳根彷彿隱雷鳴，又似波濤風激怒。
> 濤聲乍過心猶疑，忽詫棟樑能動移；
> 頃刻金甌相傾碎，霎時身體若籠篩。
> 廏馬嘶蹶犬狂吠，智者猝然亦愚昧。
> 悲風慘慘日無光，霎爾晴空成晝晦。
> 扶老攜幼出門走，忙忙真似喪家狗。
> 更有樓居最動搖，欲下不得心急焦；
> 心急勢危肝膽碎，失足一墮魂難招。
> 蟻走熱鍋方寸亂，兩腳圈豚繩索絆；
> 窘逼轉愁門戶狹，攀援不覺窗櫺斷。
> 如逢虎狼如觸蝎，形神惝怳魂飛越；
> 偷眼視之但溟茫，滿耳聲聞唯窸窣。
> 千家萬家齊屏息，大兒子兒多避匿。

〔註3〕高拱乾《台灣府志》，南投台灣省文獻會，1993，頁218。
〔註4〕朱仕玠《小琉球漫志》，南投台灣省文獻會，1996，頁72。

少選聲停地始平，相願人人成土色。

地平踏穩相欣告，眾口一時同喧噪。

老者無策少者疑，從此夜眠心不怡。

東南雖缺地無縫，豈有妖物簧鼓之？

自是乾坤氣吞吐，世人那得知其故。

幸哉淡水尚安全，可憐嘉、彰成墟墓。

試問既震何重輕？消息茫茫歸劫數。

長歌賦罷心轉愁，驚魂未定筆亦柔。

此情回首不堪憶，此身猶自隨沉浮。

安得長房縮地法，居吾樂土免煩憂！〔註5〕

天搖地動又時間短暫，此時最難下決定如何避難，「更有樓居最動搖，欲下不得心焦急」，自然界的力量搖動形成一陣無助的時刻，在「千家萬家齊屏息」中，「大兒子兒多避匿」，像今日市區的高樓大廈，高樓層的居民，又如何迅速往下避難，根本不可能，九二一大地震震毀許多高樓層的住戶，人真如螻蟻的脆弱，對大自然的力量更需要加強防範，如房屋的耐震度，及緊急應變的能力，建築界更不能偷工減料，以為家園保固工作。占梅在淡水影響較小，嘉義地區因有斷層常有地震，是台灣地震較頻繁區域，地震形成嚴重的災害，復原要花費多年，才能完成，而在 1906 年美國舊金山大地震後，人民才漸瞭解地震的原因，如何預測現今尚無有效技術可突破。本詩中天搖地晃的實景，歷歷在耳出現，詩人因經歷其境，感受更特別別深刻。

另台灣進士施瓊芳亦有〈五月辛亥（西元 1851 年）地震書事〉：

何處大力士，舉手搖天柱。下視百須彌，若撼蟻封土。昨夜占星躔，
鉤伸維不聚。平子銅龍丸，東向吾臺吐。吾臺地脈浮，海波三歲周。
平時雖略動，無如此番尤。莫是媼神出，著鞭跑青牛。抑真地痛癢，
搔按火能休。鉅鹿壁壘搖，昆陽屋瓦震。暈眩憑簸掀，欲逃無孔進。
室火與柱雷，前賢能坐鎮。慚無達命懷，驚魂殘喘僅。詰朝傳邸報，
哀哉彼諸羅。石勒排牆下，宿孽人何多。豈達登屋戒，五月觸神訶。
白骨長城畔，杞婦哭滂沱。哀悸兩未忘，震來又股慄。寢食不能安，
一震連三日。易象地為輿，崎嶇阪未出。緯書地為舟，激湍波屢疾。
古傳不周折，又傳王屋移。鼇戴巨靈擘，造化顯神奇。開闢驚人事，

〔註5〕陳漢光《台灣詩錄》（中），南投台灣省文獻會，1984，頁753。

　　　　幸不逢其時。若從今日較，彷彿如見之。事後同再生，危懸一髮處。

　　　　非作杞憂愚，實懷僑壓慮。變故豈偶然，敬天無戲豫。述筆誌吾驚，

　　　　陳言不厭絮。〔註6〕

壁搖屋震，造成暈眩也無孔可逃，當地震來臨時，切莫慌張，通常地震都有餘震連三日不絕，有的尚會拉長餘震時間，造成心理壓力非常大，地震形成的災害也非短時間中可以復元，地震乃是百害而無一利者，又發生時間不定，尤以夜晚發生時，人員因睡覺逃避不及而最易受傷或死亡，本詩中描述那自然力量催枯拉朽時，人生的無奈，婦人只能滂沱大哭而毫無招架之力。此為自然災害最悽慘的事，台灣地區常無法避免，就要痛定思痛，加強防範。

　　唐贊袞在《台陽見聞錄》〈天文〉篇的〈地震條〉中言及：

　　　　台灣在大海中，波濤日夕鼓盪，地氣不靜，陰陽偶愆，則地震焉。

　　　　蓋積氣之所宣洩也，或災或否，台人習見，初不以異。〔註7〕

初來台灣的大陸人士較不習慣台灣的「地牛翻身（地震）」，在台灣的原住民或居住已久的人較不以為意，已經被搖習慣了。同時地震形成的災害，政府必須即時給予賑災，以拯救受傷的災民，早日脫離地震的夢魘，近期台灣中部發生九二一大地震，善後的復原至今尚在努力復原中，地震影響台灣人民生活甚鉅，在詩人的眼中，地震像擺脫不了的宿命，「述筆誌吾驚」把實況轉載而下，成永久紀錄。

第二節　風災、水患的寫作

　　台灣地理位置位於全球最大陸地，和最大海洋的交界，在氣候分類上是四季如春的副熱帶，每個季節的天氣變化仍十分明顯，同時能造成重大災害的特殊天氣，如颱風，當會橫掃台灣，形成風災，有時水患也跟隨而來。颱風是來自熱帶海洋的低氣壓，因受地球旋轉的影響，伴隨反時鐘方向的環流，也叫熱帶氣旋，依其風速的大小分：一、熱帶低壓；二、熱帶風暴；三、颱風、颶風三種。颱風帶來的災害，包括有暴風、豪雨和海水倒灌（暴潮），九二一地震後土質鬆軟，遇到颱風挾著豪雨衝刷，形成土石流或山洪暴發，影響台灣災害甚大，暴風及豪雨的作用，沿海地區的海水倒灌，常使災情更加嚴重。幸而現今科技發達，預測颱風來襲技術日趨成熟，我們可先做好路徑

〔註6〕施懿琳《全台詩》（五），台南國家台灣文學館，2004，頁368。
〔註7〕唐贊袞《台陽見聞錄》，南投台灣省文獻會，1996，頁151。

的預報，豪雨的累積量、及潮水漲退，就可以採取適當的預防措施，來減低受災的程度，並減少水災的發生，降低人民受風災、水患的威脅，克服大自然帶來的重大災害。

《台灣府志》（高志）〈風信〉篇：

> 風大而烈者爲颶，又甚者爲颱。颶常驟發，颱則有漸。颶或瞬發倏止，風則常連日夜，或數日而止，大約正、二、三、四月發者爲颶，五、六、七、八月發者爲颱。九月，則北風初烈，或至連月，俗稱爲「九降風」；間或有颱，則驟至如春颶，船在洋中，遇颶猶可爲；遇颱，不可當矣。〔註8〕

《台灣府志》中明確的分出風災爲患的等級爲颶風、颱風、九降風。最怕於海中遇到颱風，則有不能擋的說法。在〈外志〉篇〈災祥〉條有「康熙三十年八月，大風；民屋及船，多被飄頹。」〔註9〕的記載，已知颱風影響先民生活甚爲鉅大。

出現在台灣古典詩中的強風分有三種，颶風、颱風爲最強，季節風、九降風次之，麒麟風爲焚風、怪風。因颱風常襲台，每人均有身歷其境的痛苦經驗，同時也和颱風搏鬥的實戰狀況，每首詩寫來慘狀激烈，不忍卒讀。

鄭經〈茅屋爲風破〉：

> 昨夜秋風發，陰雲起淳淳。驟雨如傾注，隨風亂飄突。卷我茅簷盡，屋下成營窟。被帳盡沾濡，冷氣侵病骨。倏忽天色清，疏棵漏明月。鄰雞催蕭晨，紅日掛溟渤。扶杖出門看，樹木皆杌杌。山草如火焚，牆垣盡已沒。仰天徒歡歔，誰肯憐白髮。〔註10〕

鄭經渡台而來，已爲台灣領導人，而諸事待舉，猶居茅屋，颱風襲來，擇屋而吹，鄭經嘆「卷我茅簷盡，屋下成營窟，被帳盡沾濡，冷氣侵病骨。」連夜茅屋被吹破，連被帳都濕掉，無奈颱風的侵襲而訴諸筆端相當無奈，樹木被吹得光禿禿，山草像被火焚燒過，大自然的力量無限，人類任其擺布之中，難怪鄭經還是無奈的「仰天徒歡歔」，長嘆一番。颱風侵害之大，無以復加。

〔註8〕高拱乾《台灣府志》，南投台灣省文獻會，1993，頁193。
〔註9〕高拱乾《台灣府志》，南投台灣省文獻會，1993，頁193。
〔註10〕施懿琳《全台詩》（一），台南國家台灣文學館，2004，頁90。

孫元衡〈颶風歌〉：

九瀛怪事生微茫，瘴母今颶母長。虹蜺出水勢傾墮，雲車翼日爭迴翔。須彌山下風輪張，獰悍慓怒天爲盲。塕然於扶桑之木末，吞吐夫天池之巨洋。訇嘐簸蕩鼓神力，不崇朝而周迴於裸入之絕國、黑齒之窮鄉。有颱溲無不有，一一堁堀塵飛揚。突如神兵萬馬，崩若秦家天地瓦。颭䨓起中央，沙礫盡飄灑。鼇身贔屭拄坤軸，羲轂軒軒欲回輦。怒鯨張齒鵬奮飛，涸鱗陸死鹽田肥。嗟哉！元龜入殼避武威，伏蟲盡蹂躪，植物將誰依，東門大鳥何時歸！我聞山頭磐石墜海水，蠻鼓轟騰五百里。戰舸連檣吹上山，乖龍罔象迫遷徙，萬人牽之返於汕。嗚乎海田幻化良如此！又有麒麟之颶火爲妖，風颭熻熻如焚燒。黃髮遺民一再見，闔門堅堅壁逃蒸燔。青青者黃、黃者黑，死海破塊山枯焦。飛廉狂癡肆其虐，祝融表裡夫誰要。帝天不下聽，仰首空雲霄；舉筆用紀其事爲長謠。昨者估客歸，遭此四面風，溯滂無由避。連山波合遠埋空，湧嶂劃開驚裂地。木龍冥鬱叫幽泉，桅不勝帆柁出位。閃閃異物來告凶，鬼蝶千群下窺伺。赤蛇逆浪掉兩頭，白鳥掠人鼓雙翅。天妃神杖椎老蛟，攘臂登檣叱魔崇。事急矣、划水求仙，披髮執箸虎搖船。牛馬其身蹄其手，口銜珠勒加鞍韉。雷霆一震黃麻宜，金雞放赦天所憐。扶歕盡仗六丁力，中原一髮投蒼烟。芒刺在背鉗在口，自量歸渡霜盈顛。爲舉一杯酹南斗，胡爲乎職司喉舌而箕張其口？聖人御極不鳴條，噫此屬氣焉能久！雄分鶩分理則均，強爲區別楚人狃。花信別妨廿有四，扶搖不礙萬盈九。動物神功齊雨暘，南風熏分愠何有？願箕察所好，剛柔用其中，戢威自安爾宮，三年不波，萬國來同；吾將查乘貫月，歷四荒八極，徜徉而東。〔註11〕

颶風之怪奇，「突如神兵交萬馬，崩著秦家天地瓦」，掃除千軍之勢，崩天而來。把各種風名具體陳列，自然景觀遭受破壞，「船、山、鳥、人、牛、馬、蟲、龜、花、木」皆被蹂躪，無人倖免，更引起麒麟焚風，此種強颱烈風，焚風掩至，當時房舍均以茅草爲屋，那禁得住強風吹襲，在孫元衡的筆下，張牙舞爪的狂風，幾乎將蓬萊島吞噬。「帝天不下聽」只能「仰首空雲霄」，再「舉筆用紀其事爲長謠」，因孫元衡的訴諸筆端，吾人始有颶風肆虐所留下

〔註11〕孫元衡《赤嵌集》，南投台灣省文獻會，1958，頁193。

來的場景。元衡「虛、實交疊」，狂、張用紀，使全篇充滿張力，讀其文字，感受颱風猖狂，如身歷其境般的難受，颱風爲害之大，詩文中可窺出。與孫元衡同時代的郁永河早八年進入台灣，在由台南往淡水採硫途中遇風，郁永河在《裨海紀遊》中紀錄著：

> 十八日，風愈橫，而十二人悉不起，爨煙遽絕。自十九日至二十一日，大風拔木，二晝夜不輟，草屋二十餘間，圮者過半。夜臥聞草樹聲與海濤聲，澎湃震耳，屋漏如傾，終夜數起，不能交睫。二十二日，風雨益橫，屋前草亭飛去，如空中舞蝶。余屋三楹，風至兩柱並折，慮屋圮無容身地，冒雨攜斧斤自伐六樹支棟，力憊甚。而萬山崩流並下，氾濫四溢，顧病者皆仰臥莫起，急呼三板來渡。余猶往來岸上，尚欲爲室中所有計，不虞水勢驟湧，急趨屋後深草中避之；水隨踵至，自沒脛沒膝，至於及胸。凡在大風雨中涉水行三四里；風至時時欲仆，以杖扳之，得山巖番室暫棲。暮，無從得食，以身衣向番兒易隻雞充餒。中夜風力猶勁。二十三日，平明，風雨俱息；比午，有霽色，呼番兒棹莽葛至山下渡余登海舶，過草盧舊址，惟平地而已。余既倖生存，亦不復更念室中物。敝衣猶足蔽體，解付舟人，就日曝乾，復衣之；遂居舟中。〔註12〕

強風襲來郁永河所住草屋，兩柱並折，自己冒雨帶著斧頭去砍伐六棵樹來支撐棟樑，已耗盡體力，又慘遭土石流的衝擊，生病的人已無法起身，只好叫人用舢舨舟渡到地勢較高的地方。而水勢漲得快，郁永河避到屋後長草的地方，水又沒到腳，沒到膝，不久到胸部，只好在大風雨中行走三、四里，才找到以山巖做成的原住民住屋來休息，暫時居避難的地方，東西都被大水沖走，只好拿隨身衣物向原住民換隻雞來充當食物，這段颱風驟雨中被水沖走的驚險鏡頭，即使在現今的台灣，還是時時在上演，自然界的力量如排山倒海而來，而人的力量是何等渺小，弱如螻蟻。惟身歷其境的人，始知性命交關，與颱風、大水搏命，此先民在開發台灣，砍伐榛莽，所付出的代價不少。

　　陳夢琳〈丁酉（西元 1717 年）正月初五羅山署中大風次早風歇飲酒紀之以詩〉

> 海西蟄起蛟龍怒，昨夜海吼風不住；

〔註12〕郁永河《裨海記遊》，南投台灣省文獻會，1996，頁 38～39。

風聲人耳駭人聞，風勢如癡復如颶。
客子殘燈半滅明，閉門攲枕空百慮。
山房四柱柱影搖，有時風欲挾之寺；
萬馬蹄奔劍戟鳴，虎豹搏噬急雨注。
往來嘈雜不成眠，一夜夢魂無宿處。
平明起視浮雲決，風力漸微聲漸歇；
呼童煖酒賞春朝，似怯寒吹簾幔徹。
因憶去年臘月初，番仔渡頭朔風烈；
番社紛紛亂捲茅，竹樹倒披梢半折。
耳鼻填沙眼怕開，行人卻走馬躄躠。
山溪狂似海波潮，溪水冷於軸頭鐵。
雙犢亂流車苦遲，番兒強輓膚破裂；
下馬停車權息肩，店舍無烟酒不熱。
番兒力盡凍且僵，呼起聊為哺與啜；
可憐幅布半圍身，青錢那惜恣饕餮！
此時如我敢言寒，猶有敝裘重補綴。
況復今朝風已春，窗明几淨椒盤新；
水仙香發綠尊滿，春冷無眠奚足嚚！
風波自古仗忠信，念爾孤篷海上人！〔註13〕

陳夢琳於颱風狂夜中，歷經「閉門攲枕空百慮」一夜的驚悚，到隔天未能平復，尚待喝酒來壓驚。回想過去亦有痛苦經驗「山溪狂似海波潮，溪水冷於軸頭鐵」有被野溪暴漲之溪水淹到，那種銘刻於心的痛苦，也隨著颱風的到來，喚起可怕的經驗。詩中一氣呵成寫出颱風夜，風搖柱動有隨時被吹走的擔憂。更因驟風急雨，一夜無法成眠，再回想過去渡頭受凍經驗，句句寫出風雨中的驚恐及體恤原住民受寒凍的心酸，颱風狂暴之夜，讀來令人心驚膽跳。

《諸羅縣志》〈雜記志〉〈外紀〉條中記載：

風將颶而雨，海氣先動，浪激洶湧，聲吼如雷。臺海四圍沙線環繞，巨浪衝擊，吼尤甚，聞數十里。風靜雨霽，猶三、四日未止。縣治離海差遠，颶從東起，殷聲微聞。若起西北，則與郡治無異。海面

〔註13〕周鍾瑄《諸羅縣志》，南投台灣省文獻會，1993，頁 269～270。

腥穢，波浪簸騰，一、二日颶風即起，迺天地之氣交逆，地鼓氣而
海沸，天風烈而雨飄，故沉舟傾檣也。若海不先沸，天風雖烈，海
舟摺篷，空桅順風勢而馳，同鯤鵬之徒耳。人但知天風之患，不知
實地氣交搆而爲颶，患始烈也？〔註14〕

颶風將來必有徵兆，「激浪、吼聲、腥味、海沸」此自然的觀察，使得日後更
有經驗來判斷颶風來襲的強度，在施士膺有「遼羅阻風」曰：

遙望東寧東復東，天公何事日東風；

海門浪湧如湯沸，落照滄波一抹紅。〔註15〕

有經驗的漁民，常可由落日餘暉的暈紅程度來判別颶風將來及其颶風的大
小，累積這些經驗在以前無法預測的時代中不失爲一種經驗傳承的判斷預測
方法，藉以提早提高警覺，以減少損失。

清乾隆時期名詩人趙翼之〈颶風歌〉：

昔聞海風颶最大，我今遇之驚閂廨。

誰將噎氣閉土囊，一噴咽喉不可扼。

隆隆萬鼓排陣來，群木盡作低頭拜。

鬱怒似有塊磊填，憤盈直覺虛空隘。

鬼魔掀動天擺摩，虎豹吼裂山破壞。

立腳雖穩尚愁倒，對面相呼只如聵。

可憐鸛鵲也不飛，恐被扟出青天外。

是時習流千戰櫂，眼望赤嵌不得到。

恨煞海神亦小人，借勢作威逞凶暴。

湧浪上薄浮空雲，濺沫橫轟發機炮。

盡非鷁首柂代牢，猶自終宵驚簸掉。

風名颶母應雌風，胡爲更比雄風雄。

想從小女封姨後，老作陰怪多神通。

多神通，何不吹轉帆颸向東，

不然更到海水竭，平步可達扶桑紅。

吾當綠章上箋奏，俾爾配食天妃宮。〔註16〕

〔註14〕同上註，頁290。

〔註15〕陳漢光《台灣詩錄》（上），南投台灣省文獻會，1984，頁292。

〔註16〕施懿琳《全台詩》（三），台南國家台灣文學館，2004，頁69。

趙翼在廈門實際經歷颶風的吹襲「隆隆萬鼓排陣來，群木盡作低頭拜」，寫出颶風狂掃群樹實境，動天裂山的恐怖如群魔亂飛，先以實景寫出，接著「恨煞海神亦小人，借勢作威逞凶暴」，風稱颶母，卻因少女封姨後就開始作怪，倒底有「多神通」，用二次來諷喻「風神」，如果您太「搖擺」，我就修書上告老天奏章，將你配食天妃宮，在媽祖的管轄下，看您還會如此猖狂。實景、虛幻兩者互用使本詩在鬼神之間、人神之間，有幾分人情味在，寫來也有為民間排遣疾苦，也有幾分向「風神」嗆聲的意味，不失幽默。

　　麒麟風就是焚風，出現在台灣的颶風，有時地形關係產生回熱效應，使吹襲的風溫度昇高而成為焚風。馬子翊的〈台陽雜興〉中有：

溪洞生煙十八里，亂山蒼翠簇芙蓉，

誰能望氣探銀穴，便欲乘雲上玉峰，

五夜寒潮鳴戰鼓，二更殘日吐邊烽。

風中挾火「麒麟颶」，奇事還聞豜鬥龍。〔註17〕

范咸〈赤瓦歌〉：

……君見火焰山頭半焦土，燼燼如焚少荊棘？又不見抓翻地底硫璜山，草枯海破飛煙黑？「麒麟之颶」炊繁星，流金爍石鯨鯢息。

　　　〔註18〕

范自註：颶有名麒麟者，風中有火。

　　孫元衡前所舉「颶風歌」中有：

又有麒麟之颶火為妖，歙歙燼燼如焚燒。黃髮遺民一再見，闔門堅

壁兆蒸熇，青青者黃，黃者黑，死海破塊山枯焦。〔註19〕

紀錄者自然界中有焚風的現象，而且焚風常使溫度升高後，讓人有如焚燒的感覺，誠如鄭經〈茅屋為風破〉詩中所言：「樹木皆扤扤，山草如火焚」般的景色，台灣古典詩中記颶風的自然寫作，已忠實的將當時發生的焚風做不同角度的描寫。清康熙60年朱一貴起事時，藍鼎元在《平台紀略》中記載：

八月十月三日辛未，怪風暴雨，屋瓦高飛，風雨中「流火條條」，竟夜燭天，海水驟漲，所泊台港大小船，擊碎殆盡，或飄而上之平陸，拔大樹，傾牆垣，萬姓哀號，無容身地。〔註20〕

〔註17〕　連橫《台灣詩乘》，南投台灣省文獻會，1992，頁197。

〔註18〕　陳漢光《台灣詩錄》（上），南投台灣省文獻會，1984，頁303。

〔註19〕　孫元衡《赤嵌集》，南投台灣省文獻會，1958，頁21。

〔註20〕　藍鼎元《平台紀略》，南投台灣省文獻會，1993，頁30。

根據藍鼎元記載流火條條，竟夜燭天，是為閃電或為麒麟颺，未能驟下判語，
但其有整夜火光，更是光怪離奇的颱風夜。此次颱風形成嚴重災害，據黃叔
璥在《台海使槎錄》中云：「八月十三日夜台灣颶風大作，倒壞衙署、倉廒、
民房，傷損船隻，人民田禾……」〔註21〕依曹永和在清代台灣之水災與風災
中統計，台灣縣、鳳山縣、諸羅縣三縣及各營兵丁倒屋 10688 棟，死亡人數
195 名，受亡，禾壞，真是情何以堪。當年鳳山知縣的賑濟的災民共有 2491
人。〔註22〕可見颱風肆虐之凶，屋倒樹傷，船毀，清康熙時期鳳山知縣宋永
清在勘災的行程中紀錄有「踏災行」：

> 自夏徂秋兮，旱魃為殃。泉涸煙生兮，海沸如湯。五穀已萎兮，不
> 舞商羊；桑林輸誠兮，四野張皇。終日勞勞兮，步禱上方；攜老扶
> 幼兮，百里相將。層巒共望兮，風伯無良；浩浩皇天兮，不我之傷！
> 連年亢旱兮，民何所藏？哀哀窮黎兮，家無稻糧。務稻勸分兮，猶
> 藉官蒼；乞糴鄰邑兮，幸歌太康。荒政十二兮，務去饞槍；實余涼
> 德致此兮，敢怨彼蒼？〔註23〕

宋永清以鳳山知縣出來賑濟鄉民，有「哀窮黎，無稻糧，藉官倉，糴鄰邑」
以救百姓，氣候四時變化，常有澇旱之凶年，政府必須時刻濟助災民，自古
皆然。本詩用賦歌方式表達，自有其活潑自然傳達方式，而「憂民所憂，樂
民所樂」正是大下父母官該為人民服務之重點。風災過後，多人不測，到處
尋找失蹤人口是刻不容緩的事情，由本詩中可以見諸身為父母官體恤民情的
一面。

清乾隆時期福建海壇鎮總兵李長庚曾留下尋人的詩：

> 怒濤不測事堪虞，袛恐相逢此世無，
> 為念堂前雙白髮，家貧幼子口難餬。
> 一痛難申故舊情，傷心未忍說分明：
> 漫言已是千秋別，猶望歸從萬里程。
> 狂浪驚難測，愁懷遣不開，天教兵勢散，風折將材束，束手全無策，
> 浮生盡可哀，望洋空浩嘆，知己幾時回。〔註24〕

〔註21〕黃叔璥《台海使槎錄》，南投台灣省文獻會，1957，頁89。
〔註22〕曹永河，台灣早期歷史研究，聯經出版公司，1979，頁413。
〔註23〕周元文《重修台灣府志》，南投台灣省文獻會，頁420。
〔註24〕施懿琳《全台詩》（三），台南國家台灣文學館，2004，頁270。

在那碧海藍天，萬頃如琉璃的海面，「情渺渺兮孤往，天青青兮四垂，風輕兮水面，雲淡兮山眉」中，為追求一份理想，奉命追勦海盜，同僚都不幸遇颱風吹襲，下落不明，賦詩以誌記，颱風造禍，形成生死別離，在詩中表露深厚感情弔念，有「天教兵勢散，風折將材東」的萬般無奈。

縱觀台灣古典詩中，對於颱風之撰述，驚悚而動人，水土無情，風雨無義，而時移事去，兵盡而矢窮，對於四季如春的寶島中，會有如此風雲驟變，亦是所有渡台之士始料未及，對氣象驟變有所驚恐，更成為日夜之夢靨，其詩中之情，表達深切矣。

台灣的水患，常是伴隨著颱風而來，颱風挾帶大量水氣，引起豪雨成災，水災又有海水倒灌及洪水氾濫兩種。發生災變均為相互連動，如颱風引發豪雨，豪雨引起土石流，流入溪川，而如遇漲大潮，又因上游雨水傾洩而下，下游海水湧入，形成海水倒灌，水位暴漲，而居河口之地即發生水漫民房，釀成巨災。台灣古典詩中颱風引起的水災詩有具體的描寫，而施瓊芳以發生於清道光年間之水災用「詩史」加以紀錄下來，〈六月望日水災書事〉：

> 媧皇畫蘆灰，堯時已無力。更閱四千年，灰暈全銷蝕。汪量稱海涵，有時器小溢。石犀莫為靈，朝宗尾閭窒。旬來山雨霖，郡城杲杲日。誰思萬壑泉，潛畜勢方迫。昨夜礧車雲，半空魚龍色。颶母挾雨師，排海作山立。瀑響建瓴飛，濤驅溜江疾。下水上騰交，爭持狹路急。神符倏忽名，迅決果無匹。家在南濠湄，晨興訝流汨。須史習坎盈，市塗為溝洫。柔物頓如錐，門垣鑽孔入。聊效孟津愚，彌縫捧土塞。幸他末力衰，支持延數刻。水退門漸開，歡聲動盈室。豈知窵下鄉，餘痕尚沒膝。官捕赤崁人，瀕水玩懦習。憑夷忽震威，一朝避不及。田廬尚如此，帆檣應更崀。鹿門估舟信，阻潮傳未悉。悉乘陸地舟，倉皇來自北。始知嘉地災，餘波累吾邑。前月地震時，陽衰為陰尅。今茲遘洪流，彼都陰沴亟。城郭晉陽危，村落空桑泣。娶婦與下材，會逢豈在即，一片膏壤區，化作波臣國。財物事猶微，生靈堪太息。府江蛇莫求，杜林黿誰得。或藉木龍逃，或飽餓蛟吸。死者復何言，生者艱乃粒。賴此填堤誠，賢侯殫厥職。其魚拯昏墊，哀鴻勞撫輯。仰體九重心，如傷瘝肝食。回思未水時，詭言笑不實。羊舞龜血謠，今朝始悟出。我懷古哲人，未雨綢繆密。穿渠以澹災，賈讓言堪述。

高地預徙民，公沙具先識。奈何忽舊防，一潰難收拾。長輩爲余言，
嘉慶年二十。海嘯雖可憂，不似今番極。念茲隅澨民，居與水同域。
於廓百川王，思威深不測。朱衣乏僧，黃籙希道筆。難傳禁水方，
誰解畫江術。美哉朝宗會，安瀾慶兆億。命蟻以切和，全荷天妃德。

〔註25〕

施瓊芳爲台灣本地進士，感受台灣風土最爲深入，其經歷這場水災，以近五
百言長詩加以敘寫。對「颶母挾雨師，排海作山立」已有深刻的體會，對於
家中淹水的速度之快，感到訝異，堆置沙袋來塞門縫，才能支持到水退。此
次淹水城中鄉下盡淹，平常肥沃的土地，也淹成水鄉澤國，同時被淹死的人
也不少，「死者復何言，生者艱乃粒。」死者令人感嘆，生者也無食物可吃，
在此更自我檢討「我懷古哲人，未雨綢繆密。」要能早點將居民徙遷到高地，
而準備更多沙包，以備不時之需。而地震、海嘯，常會伴隨水災，所以更加
要能提早來防範。瓊芳爲一介文士，能考慮周詳爲水災作自然的紀載，以爲
後日因應之道作檢討，對於水災的教訓能有及時的反省，對於文士常有「奮
一臂而長呼，輕餘生以不顧。」的偉大胸襟，去向爲政者爭取爲民服務的觀
念，更值得敬佩，在台灣颱風來襲時那種「巨浸迴瀾、狂濤怒號」的場面，
更能有親身感受，也要呼籲居民皆能加以重視。

屠繼善在〈恒春縣志〉卷二〈建置〉篇中記載遭受水災的慘痛經驗：

恒邑占風之先一二日必有朕兆。夕陽西下之時，紅雲彌天，海中湧
激之聲，響聞數十里，如是者，一日即有大風；屢占屢驗。其初來
也，自東北起，晝夜叫囂。時而如萬馬之奔騰，時而如銀河之倒瀉，
風送雨勢，雨乘風威，不特拔木偃禾，竟是移山崩岳，驫馬喬，靭
雪警捷；其將止也，必轉南風，勢亦益洶湧，有雨皆彈，無孔不入。
琅嶠室廬，向南者多，于是門之未破者，破且落矣，壁之未倒者，
倒且化矣。床褥之間，炊爨之所，皆成澤國，遑問寢食，延性命于
呼吸之間，落魂魄于雲霄之外：及其既也，天地變色，人民愴惶，
溪流澎湃，海聲徹宵，敗屋頹墻，淒涼滿目。城內如是，村野可知，
海上更可知。曩者，將之琅嶠，有友告予，曰：「風之險惡，誠可畏
也」。予應之，曰：「否，否，大王之雄風，吾披襟以當之，元規之
塵風，吾舉扇以蔽之。」竊以爲友之不壯也。茲則甫經一載，四歷

〔註25〕施懿琳《全台詩》（五），南投台灣省文獻會，2004，頁367～368。

險境，衣屨泥淖，裴書齟齬，凡一次颶風，必半月決辰，方能滌淨
塵穢。當時之驚怖，事後之困億，誠有不可以言語形容，如歎余友
之言，爲不我欺也。〔註26〕

屠繼善遇水災來著大風而來，風爲「拔木僨禾」，又有「移山崩岳」的土石流
跟著而來，不但門破、廚房、床舖均成水鄉澤國，城內人民僅能「延性命于
呼吸之間，落魂魄于雲霄之外」，而村外風雨受災更嚴重，如琅嶠海上，更是
巨浪濤天，此次颶風、水災，使屠繼善四歷險境，衣服污濁，藏書浸溼，每
一次遭受颶風，水災要花半個月才能清理乾淨，還好人雖累，但平安就好，
屠繼善也忠實將受災情況一一記錄恒春半島的自然風貌，更告知今人，欲前
往之地，必先蒐集當地氣候，資料及各種必備之條件，以爲因應而不要疏忽
遺漏細節爲事才會完備。

吳德功「庚寅六月大雨，二八圳崩壞，程太守發帑開濬，民賴以安。」

> 庚寅六月天，狂雨猛破塊；電閃兼雷轟，濁浪湧湖湃；繡壞石相錯，
> 平疇帆可掛，地裂與山崩，萬流同一派。大溪斷魚梁，深山流鹿砦；
> 洪水汎濫來，一望靡涯際。沿海積屍橫，居民多被害；桑田變滄海，
> 圳道盡墈壞；廬舍遭漂泊，村農甚矣憊。彰邑三圳道，悉隸臺灣界；
> 截流斷水源，負嵎肆狡獪；禾苗盡枯槁，呼號控官廨；饑民鮮糧食，
> 胥役迫稅口；田園盡荒蕪，賣田無處賣。太守發帑金，嚴催闢溝澮；
> 善政入人深，引領望風拜。〔註27〕

狂雨來雷轟，引發濁浪排空，洪水氾濫，居民被衝失流往海上，而桑田變滄
海，圳道崩壞，自然災害，引發人的損害讓田園荒蕪，土地降價也無人買，
水災在自然界之損害，影響住民生活非常大。幸虧太守深入災區，疏濬阻礙，
使人民又恢復以往生活。在受水災損害當中，不全靠官府力量，而由民間自
動自發來恢復耕墾之環境者也有之。賴純光曾寫一首題目比詩還長的一首詩
加以紀錄。其題曰：

> 鳳邑傀儡山腳有溪曰排律，其水甚大長流不絕，原水路從北而出外溪突於
> 嘉慶乙亥（西元1815）年溪門大塌水勢直沖各處，田園幾變滄海，大崑麓
> 陳君廷瑜莊業也，適瑜到即但捐賞勸勉番仔崙北旗尾埔，頭三庄業主均同
> 捐金令佃人累石築堤闊一丈餘長五六丈，於是各處田園無致被水沖陷，亦

〔註26〕《恒春縣志》卷二，建置篇，南投台灣省文獻會，1996，頁，
〔註27〕沈光文等著《台灣詩鈔》，南投台灣省文獻會，1996，頁186。

全無派累佃農分毫，故庄人喜之而作此詩。爲障狂瀾纍石頭，保全盧井免橫流。和虞疊載懷裏患，且慶豐年黍稻謀。

不是捐金資倡始，安能決水易田疇。

他時結伴堅隄上，須把蘇公姓字留。〔註28〕

靠人不如靠己，能夠以庄人之力，纍石以爲防範之區，不必勞動官府，曠日廢時，可以自己庄眾動手一齊來纍石築堤，防範溪水氾濫，更防範山洪暴發，此治水之良策也。只要有人自動自發而來，水患也足以消彌矣。因此在水患頻傳的今天，水土的保持，生態環境共同維護，不去濫墾濫建，同心協力，有計畫依國土政策加以保護、運用，將可生生不息爲子孫留下一塊淨土。

第三節　海吼詩的寫作

台灣四面環海，海岸線長達 1139 公里，海岸地形、景觀卻千變萬化，整個海岸地形分有：

一、侵蝕地形：海蝕洞、海蝕崖、海蝕平台、海階等。

二、海岸堆積地形：如沙灘、沙洲、沙嘴、潟湖等。

三、構造性海岸，如東部的斷層作用的海岸地形。

四、生物性的海岸，如恒春半島、珊瑚礁的碎屑堆積而成。

如此多樣化的海岸，經過潮汐的作用，或風的力量在海浪能量的衝擊中，往往產生浪濤，發出聲音，或因風的吹襲使海浪也會發出巨大的聲響，這些聲響即稱爲海吼。地球自轉的關係和月亮的引力，常形成不少的潮流，而潮流本身會產生波浪，隨著本身的流向而有波動的能量，這些變化常隨著波浪規模大小及頻率的變化而改變，所以波浪本身因潮流及風力，引起的能量是不可忽視的，常因而產生許多聲音，在明清時代即稱爲海吼。郁永河在《裨海紀遊》中〈海上紀略〉〈海吼〉條記載：

海吼俗稱海叫。小吼如擊花鞬鼓，點點作撒豆聲，乍遠乍近，若斷若連；臨流聽之，有成連鼓琴之致。大吼如萬馬奔騰，鉦鼓響震，三峽崩流，萬鼎共沸；惟錢塘八月怒潮，差可彷彿，觸耳駭愕。余嘗濡足海岸，府瞰溟渤，而靜淥淵渟，曾無波瀾，不知聲之何從出；

〔註28〕施懿琳《全台詩》（四），台南國家台灣文學館，2004，頁221。

　　　然遠海雲氣已潮興，而風雨不旋踵至矣。海上人習聞不怪，曰：『是
　　　雨徵也』。若冬月吼，常不雨，多主風。〔註29〕

海吼常伴著狂風暴雨而來，大吼有如萬馬奔騰，小吼則點點如撒豆聲。初到
台灣的渡台人士對於海的叫聲非常不習慣，尤其當時的台江內海，濱海地區
較少有樹木的檔風，皆是一片沙洲，而東北季風吹起，有如萬鼎共沸般的怒
號者，沙灘上的海浪，經過季風的吹襲，一波波拍岸而來，而沙灘離人群所
住之地又毫無遮攔，日夜擾人清夢，故渡台人士印象深刻，尤以文人雅士，
更為敏銳，訴諸筆端，紀錄下來特別多樣。

　　黃叔璥《台海使槎錄》〈赤嵌筆談〉〈形勢〉篇：

　　　台地諸山，本無正名，皆從番語譯出。內地諸水，皆西流於海。安
　　　平、七鯤鯓，環郡治左臂，東風起，波浪衝擊，聲如雷般。諺云：『鯤
　　　鯓響，米價長』，因謂海湧米船難於進港。〔註30〕

安平之地長於海吼，尤其在波浪相激，衝擊而起，海吼聲處處可聞，同時「聲
音如雷」，浪濤洶湧，米船不能靠岸，米價就漲，海吼聲大表示海象欠佳，連
交通不便也會導致米價上漲，真是奇聞。

　　孫元衡〈海吼〉詩：

　　　我聞百物憤恚鳴穹蒼，而何有於百谷之王？幽隘搏擊成聲光，而何
　　　有於祝融之汪？云胡吼怒彌晝夜，震撼鮫室喧龍堂？延聽千聲無遠
　　　近，氣沴風屯海為運。窮天拗忿悲莫伸，死地埋憂思欲奮。初時起
　　　類漁陽撾，七鯤噴沫開谽谺。繁響漸臻有噓喻，萬蹄按轡行盧沙。
　　　倏如戰勝轟千軸，刮乾戾坤為起伏。灘以山摧熊虎號，砯磕成雷魍
　　　母哭。山摧石爛如寒灰，雷震飆空偶馳逐。爾乃十日、五日吼不休，
　　　使我耳聾心矗矗。或言訇哮由積風，掛席長梢凝碧空。或言狂潮本
　　　瀾汗，進則剝沙礐爭來攻，退則餘波呀呷殿成功；為魁為窟奔海童，
　　　朝夕池邊歷歲月，去來喧寂將毋同。老農又言徵在雨，黑螭隱見青
　　　疊舞。叫嘯年來徹宵漢，炎威千里成焦土。決決海若大難名，我欲
　　　問之阻長鯨。水德懦弱懼民玩，庶幾赫怒張奇兵。大賢崇實戒盧聲，
　　　股肱之喜良非輕。〔註31〕

―――――――――――――――

〔註29〕郁永河《裨海紀遊》，南投台灣省文獻會，1996，頁59。
〔註30〕黃叔璥《台海使槎錄》，南投台灣省文獻會，1957，頁7。
〔註31〕孫元衡《赤嵌集》，南投台灣省文獻會，1994，頁54。

百物憤而鳴，以海吼五日十日亦不休，吵得使人已耳聾且心煩不已，對於海叫，其如雷霆翻空，山摧虎號，擾人清夢，海吼之聲帶來內心的壓力不小，導致孫元衡有一次自寫〈自安平鎮風中返棹波濤甚惡，歸臥竟日而心猶悸作詩自嘲〉「七里風濤萬疊愁，歸來不道小瀛洲，流雲過影身搖動，空宇無聲耳唧啾，飄泊樽罍三峽夜，黃昏枕簟九疑秋，自量終是塵凡客，海月應難掛席求。」當時內心遭受無限壓力，已有萬疊愁，又有「流雲過影身搖動」，來判斷孫元衡回到陸地上，尚在暈船當中，所以他的心情盪到低點，當時又沒有心理醫師來治療，作者以作詩自嘲的方式來解除壓力，留下一首描述當時心境的詩來給我們為他解析，其實海吼也是一種自然現象，而人處於自然界，要如何自處是非常重要的，同時面對著煩惱的事務，因海吼而引起，千萬不要聽到海吼聲，內心的煩悶又越想越多，越陷越深，如此在心理上即會發生鬱躁等問題，因此藉著各種不同方法去疏解壓力，減低自然環境所帶來的壓力，這才是正確的處理方式，元衡因船的搖晃暈船，海象不好有海吼之聲，用自嘲方式寫詩來表達，找到一條疏發情緒的管道，亦是一種健康的發洩方法，而就不必再去煩惱海吼的問題，自然現象帶出自然寫作，也存留地形造成的自然風貌。

　　章甫〈帆口阻風〉

　　　　此去三山景，惟餘十里程，忽聞風夜吼，故阻客晨征，

　　　　波浪長江險，煙塵古道橫，石尤來作惡，幾日到榕城。〔註32〕

章甫也是因為海吼，海象轉壞，阻擋客人，無法在早晨搭船離開。受到風浪的阻隔，常形成生活中的不方便，而在整個行程上就有所耽擱，此為海吼造成不便。

　　清乾隆年間張方高游台，有〈海吼行〉：

　　　　海疊矗石如黿梁，延袤七十里以長。

　　　　神工鬼斧劃滄桑，龜蛇雙峙護水鄉。

　　　　氣象雄傑不可當，迴潮攬浪力隄防。

　　　　妖風怪雨起微茫，倏忽鼓盪渾元黃，

　　　　萬丈波濤恣猛趨。無端片石豎其傍，

　　　　當車怒臂笑螳螂，詎知根柢厚難量。

　　　　蟠結水府互堅剛，六鰲八柱相頑頏，

〔註32〕施懿琳《全台詩》（三），南投台灣省文獻會，1996，頁323。

能使天地乍低昂。海若不平交鬥強，
橫衝直撞聲湯湯。遙如萬馬過前岡，
輪蹄分蹴競騰驤。近如雷霆奮春陽，
一發迸裂爭砰磤。喧如虞業鏗宮商，
鳴擬伐鼓駭龍堂。幽如風松韻遠揚，
隆隆隱隱轉悲涼。十年島上鬢秋霜，
飽聞此籟意荒荒。物情靜者享平康，
相逢相讓莫相傷。溟渤萬里任倘佯，
容與和平釀吉祥。胡為激怒自擾攘，
日夕洶洶吼若狂。巉巖巨石鎮如常，
何曾為爾縮頭藏，海乎海乎空奔忙。〔註33〕

海吼之聲常伴著急風驟雨，其聲勢才足以嚇人，而有時亦有風無雨，那呼嘯而過之聲音也足以「魔音傳腦」，令人毛骨悚然，時而大風而起，浪濤沙聲，頗為鉅大，萬丈波濤恣意起時，則無法抵，有時喧聲呼嘯尖如笛，時而幽如風松韻遠揚，抑揚頓挫百變之聲，猶如一首交響名曲，可惜非樂音而以噪音出現，才更令人厭惡，發揮那海吼狂雨合奏之時，也使詩家筆意中帶動整個詩境，發揮那海吼有如狂濤的掃射，用語重重疊如浪般的一波波的迎面而來，同時也掌握各種比喻，將實浪而妖而鬼的虛實，也有風有浪的實筆，交錯的文詞中，聽聞風聲呼呼，雷聲隆隆鳴鼓而來，詩人想像虛實相間，運用巧妙，對於自然寫作又有一番情境的描寫。

〔註33〕施懿琳《全台詩》（二），台南國家台灣文學館，2004，頁57～58。

第六章 台灣八景詩自然寫作的張力

第一節 緣起

　　台灣八景詩係從王善宗和高拱乾刊於台灣府志中之台灣八景詩，共同開啟台灣八景詩體創作。八景之名起源於北宋，元人夏文彥《圖繪寶鑑》卷三：「張載，工畫山水，應奉翰林日，徽宗遣其乘舟，往觀山水之勝，作八景圖。」沈括在「夢溪筆談」中書畫中記載八景圖的資料：

　　　　度支員外郎宋迪工畫，尤善平遠山水，其得意者有「平沙雁落」「遠
　　　　浦歸帆」「山市晴嵐」「江天暮雪」「洞庭秋月」「瀟湘夜雨」「煙寺晚
　　　　鐘」「漁村落照」八景好事者多傳之。〔註1〕

台灣八景詩如何去選定那八景，和漸漸增設的地方行政區有關，設縣較晚年代的縣也出現有八景詩，最先寫作八景詩在康熙35年高拱乾的台灣府志中記載「安平晚渡、沙崑漁火、鹿耳春草、雞籠積雪、東溟曉日、西嶼落霞、澄台觀海、斐亭聽濤。」

第二節 台灣八景詩的分析

　　台灣八景詩計有諸羅縣、鳳山縣、台灣縣等六景，彰化縣八景、台灣八景、台灣縣八景、鳳山縣八景、諸羅縣八景、台灣縣八景、鼓山八景、龜山八景、淡水廳四景、聚芳園八景、基隆八景、蘭陽八景、澎湖廳八景、雞籠、苗粟縣、

〔註1〕沈括《夢溪筆談校證》（上），台北世界書局，1961年，頁549。

恒春縣、雲林縣、新竹縣八景、澎湖廳十二景、澎湖新增四景、鳳山縣八景，依時代前後不一定的時代，各地又有不同的六景、八景、十二景出現。

　　台灣八景詩中，對自然寫作有許多描述，每位詩人不一定到過各個景點去參觀，但藉著美感創作，常由於詩人主觀的意念，配合著客觀的思考，再處以當時的情境，感受及所處的環境去加以創作，也承襲了過去山水的觀點來加以呈現，但所選定的地點，常因有前人的選定，後人依其地點加以吟詠，同一地點常有同樣八景的題目，而有不同人的吟詠，八景詩各人由不同角度，不同方式去切入，形成一景百家爭鳴的畫面。正是我們面對不同角度，不同時代來考察每一定點，前後時代自然寫作最好的對照。

　　有部份文人目睹台灣美景當前，有使命感將此盛景用筆記錄以傳後世，更因怕開墾的速度，而破壞原有的美感，故迫不及待將美景加以記載。高拱乾在其台灣賦中慷慨陳言：

> 若夫汪瀾既倒，海若呈奇；一時琥珀，萬頃琉璃。情渺渺兮孤往，天青青兮四垂；風輕兮水面，雲淡兮山眉。即孤臣與孽子，亦撫掌而忘饑。至於輝璧耀奎，陰陽分位；月白飛銀，空明捍翠。秉舴艋兮小舟，結金蘭兮同志；玉樹兮三章，青州兮一醉。實自幸世外之有身，誰復疑此間之無地。〔註2〕

高拱乾來台灣就職後，即於署後修建「斐亭」，置「澄台」以為吟詩酬唱之地，其「澄台記」則記載始末，「斐亭聽濤」「澄台觀海」更為台灣八景中首先出現人文景觀之地。而八景詩形成宦遊詩人及本地詩人競相吟作成風的作品，透過山水的描寫，來親近這塊土地，使詩中情景文融之境能融入。也為這塊美麗之島，誌上馨香之土，化為滄海桑田之變化中，有所誌記，八景詩的創作內涵，茲分析如下：

一、八景詩的寫作動機

　　台灣自延平入台，定東都豪傑文士不二之臣紛紛前來歸附，而漢民族文化隨之移至台灣。清康熙年間，台灣底定，為瞭解地方政事，方志編纂即陸續展開，高拱乾建「斐亭」「澄台」招待客人，時有吟詠，以文人常有八景詩創作，吟詠台灣盛景，後人即大加仿效，並一景多人吟詠，而載於各地方志之中，八景詩即遍及全台各地。

〔註2〕高拱乾《台灣府志》，南投台灣省文獻會，1993，頁651。

二、有志之士爲地方景物，獨留篇章

　　台灣初定，百事待舉，而有志之士，願爲地方編志，留下紀錄。高拱乾於《台灣府志》自序言：

> 政事之餘，益得與父老子弟詣採撰，凡山川之險易，水土之美惡，物產之有無，風氣之同異，習俗之淳薄……每有聞見，輒心識而手編之，溯始明季，台所自有，迄歸我朝，台以肇造，綱舉目張，巨細必載，有功必錄，有美必書，公諸眾心，以觀厥成。〔註3〕

有心爲台灣寫志，常用公餘時間，加以編寫、記載，用心良苦。魯煜序黃淑璥《台海使槎錄》中言及黃叔璥爲編輯本書是：

> 余之訂是編也，凡禽魚草木之細，必驗其形焉，別其色焉，辨其族焉，察其性焉，詢之耆老，詰之醫師，毫釐之疑，靡所不耀，而後即安。〔註4〕

爲編書存於後世，戰戰兢兢，事事存眞，對於紀錄之物，詳審精密，做事態度，眾人共欽。烏竹芳在〈蘭陽八景詩〉序中云：

> 噶瑪蘭，一新闢之區者，榛莽荒穢，草木蒙耳，每爲人跡所罕到，前之人來守斯土者，斬其荒而除其穢，落其實而取其材，由是奇者以露，美者以顯，而山海之靈異，景色之秀發，未嘗不甲乎中州，特以僻在荒陬，海天遙隔，文人騷士每裹足不前，實貽林澗之愧……見夫民番熙穰，山川挺秀，北顧崔嵬，雲烟縹緲，南顧沙喃，水石雄奇，其東則海波萬里，龜山挺峙，其西則峰巒蒼翠，儼如畫屏，竊疑天地之鍾靈，山川之毓秀，未必不在於是也，故特標其名而誌其勝，列爲八景。附以七絕：庶名山佳水，不至蕪沒而不彰。後之人流連景物，延防山川，亦可一覽而得其概元。
> 〔註5〕

烏竹芳爲噶瑪蘭通判怕蘭陽山水「蕪沒而不彰」，非常用心去「標其名，誌其勝」以留下好山好水，有志之士之用心，眞令人感動。宜蘭八景詩因烏竹芳的使命感，爲地方留下眞實可貴的紀錄。

〔註3〕同上註，頁8。
〔註4〕黃叔璥《台海使槎錄》，南投台灣省文獻會，1957，頁1。
〔註5〕陳漢光《台灣詩錄》，南投台灣省文獻會，1984，頁651。

三、抒發胸臆，宣洩懷抱而共同創作

　　台灣納入清朝版圖，康熙年間，尚處草創時期，文人雅士來台開疆闢土中，常爲諸事所煩，常有抒發胸臆，宣洩懷抱之創作，海東文獻初祖，沈斯庵和季麒光創「東吟詩」，發展成台灣詩社盛況，成爲民族精神之所寄，漢文化由此傳播，詩學發揚，詩社普及，而八景詩更爲詩人吟詠的重要詩題，詩人連綿成章，遍布各方志篇章，劉家謀在海音詩中云：

> 韓趙吳楊並儁才，一時職志讓文開，鷺洲草罷瀛壖詠，已恨無人繼福台。〔註6〕

詩社的唱和之作，後來雖因清政府的嚴禁結社有所衰微，但在乙未割台後，卻有蓬勃發展之勢，八景詩卻因此而發展到台灣各區，綿延而成許多作品出現。

四、八景詩中有豐富的自然寫作

　　八景詩因其題目有定點景色的狹窄性，但對當地的景觀，詩家不同人不同角度的描寫，反而帶來自然寫作的豐富性，讓詩人更貼近景觀來描述，常有情感交流、物我交融、物我若即若離、物我相即相離的方式來發揮。王善宗〈台灣八景詩〉〈斐亭聽濤〉：

> 華亭藻梲接詞場，碧水長流遍海疆；
>
> 滾滾波濤聲不息，斐然有緒煥文章。〔註7〕

王善宗和高拱乾幾乎同時寫作台灣八景詩，在「斐亭」盛會中，共同開啓後人「台灣各地八景詩」一系列的創作，「滾滾波濤聲不息，斐然有緒煥文章」已充分說明王善宗的心願，能使詩壇永流傳。料想不到各地以詩組的形態，傳承出屬於各地的八景詩寫作，並蔚爲風氣，各地八景詩所訂定地點，也因各家自行訂定，並未有留下景觀選定命名的紀錄。但豐富自然寫作的內容中，爲各地方志留下查證的紀錄。

第三節　八景詩的自然寫作

　　台灣古典詩中八景詩的寫作地點分布甚廣，以區域而分有大至全台各地均有分布：如台灣八景，有小至個人園景如北郭園。其偏於西部之寫作，東部僅有蘭陽及龜山，台東及花蓮均未談及，清光緒以前之開發未遍及全島，

〔註6〕劉家謀等《台灣雜詠合刻》，南投台灣省文獻會，1994，頁6。
〔註7〕陳漢光《台灣詩錄》（上），南投台灣省文獻會，1984，頁126。

今就八景詩中依其各縣市的設定和自然寫作有關的加以分類。其可分四類：

一、與氣候有關者：積雪、雲淨、秋月、曉日、風清、月霽、晚嵐、夕照、春雨、晴帆、飛煙、映日等。

二、與當地特殊景觀有關者：猴洞仙居、風櫃飛濤、磺窟響泉、珠潭浮嶼、石佛凌波等。

三、與時間有關者：晚渡、曉日、春潮、秋荷、春雨、晚霞、夕照、晚嵐、夜月、夕陽、春草、夜帆、曙色、春光、春望、晨牧等。

四、與地形景觀相關者：海、山、湖、嶺、沙洲、坑井、潭、堤、峰、洞、石壁、嶼、隙、崎等。

　　八景詩以台南為中心，不斷向外擴充，每個區域又出現自己的方塊，將台灣切割成許多區域來加以描寫各地的特色，有些作者並未親自到景觀詩所描述的地點，依其想像，取其空間書寫其紀遊文學，虛實相生，情景交融，有著親蒞其地，對其景觀，頗有詳確又忠實的描述，對於時間因素，有則遠在康熙 30 年間（西元 1691 年）有遲到清光緒 20 年（西元 1894 年）相差有 200 年的時間，其景物也必有滄海桑田之變。八景詩中蘊育多少自然寫作因素，是否因時間的轉移，景物有所改變，正是探討的重點，同時在分布區域中，南、北氣候的變化，景觀標定的大小，欣賞其景物的角度，範圍更會有所差異，遠近空間的掌控也要瞭解。在用詞上文人非為博物家，常會有誇飾的手法來處理，爬梳中更要注意其實景與虛寫又有多少大異其趣的地方。清同治、道光年間，金門林豪曾數遊台灣，任教澎湖文石書院，曾有〈送澎湖蔡瑞堂別駕移任恒春〉八首：

　　　　文獻百餘載，舊稿蕪不清，公曰此治譜，蒐採而有微。

　　　　如何創其始，不使任其作，掩卷三太息，頹波何時平？〔註8〕

由此詩可知文獻之整理保存有所不易之處，能夠有系統留下來，殊為難得。在八景詩的自然寫作中：

一、氣候部份

　　八景詩中氣候構成寫作中主要因素，氣候的變化，帶給八景詩中寫作充滿萬千幻化，不論陸地上、海中、山中和景觀氣象幻化出無數美景，搭配得天衣無縫，使詩人筆中充滿了美感，創作出不少傳誦篇章。

〔註 8〕沈光文等著《台灣詩鈔》，台灣省文獻會，1997，頁 121。

「冬至絮飄深谷裏，玉龍戰退耐風霜」（王善宗〈雞籠積雪〉）

「寒峯天外橫，長年紺雪在」（高拱乾〈雞籠積雪〉）

「玉屑落天中，柳絮隨風起」（林慶旺〈雞籠積雪〉）

「宿霧薄東溟，鴻濛一氣青」（婁廣〈東溟曉日〉）

「如眉似月水波平，傍水逢秋月色明」（秦士望〈眉潭秋月〉）

「光浸潭空星斗闊，寒衝夜氣荻蘆秋」（卓肇昌〈淡溪秋月〉）

「不圖四序原多雨，誰信運朝欲釀雲」（林逢原〈屯山積雪〉）

「雲外樹嵌危堞小，山腰風吼怒濤寒」（陳淑均〈北關海潮〉）

「好雨平疇足，門前似罫旗」（鄭用錫〈陌田觀稼〉）

「好景居然山水畫，一重雨意一重煙」（章甫〈雁門煙雨〉）〔註9〕

雪、雲、雨、霧、煙等氣象有「畫龍點睛」之妙，將八景詩中意境拉得特別深遠，產生有朦朧之美，自然界氣象萬千，詩家總愛用氣候來處理畫面，使詩句中的畫面呈現一幅擁有濃濃的思緒離愁，或寒氣逼人，風霜傲雪之另有所寄託。或隨風飄起柳絮，輕快隨筆，或沉鬱穩重之句「風吼濤寒」。或圖畫詩中「一重雨意一重煙」。氣象是詩的化粧師，把每首詩中具體的意象，透過氣候的運用，將平淡無奇的字句，往往疊出深遠意境而來。

二、當地特殊景觀

　　八景詩中有各地之特殊景觀者，將當地特色加以描述，使本地人對其特殊景觀，擁有特色並引以為傲，足以向人誇述，此皆因地區的特殊景觀所形成。

　　淡北八景中之〈淡江吼濤〉陳維英撰：

　　　　勢撼蛟龍亦壯哉，波濤澎湃吼奔雪；

　　　　三更十里軍聲急，疑是胥江倒海來。〔註10〕

淡水河口交潮處，河水直奔而下，潮水漲勢而來，在此相碰，水勢有如萬馬奔騰，其勢強勁時有鳴聲出現，詩家下筆如濤浪，十分吸引人注目。

　　〈淡北八景詩〉中〈關渡分潮〉陳維英撰：

　　　　第一關門鎖浪中，天然水色判西東，

〔註 9〕陳漢光《台灣詩錄》，南投台灣省文獻會，1984，頁 126、135、137、140、257、361、835、669、566。

〔註10〕施懿琳《全台詩》（五），台南國家文學館，2004，頁 161。

莫嫌黑白分明甚，清濁源流本不同。〔註11〕

淡水河於開渡流速正快向海奔去，卻遇海口大潮漲上來，兩者相碰，蹦出清流混濁流，潮水中顏色有所不同，故謂「關渡分潮」也是特殊景觀，觀者莫不嘖嘖稱奇。

蘭陽八景中「湯圍」溫泉，陳淑均撰：

> 華清今已冷香肌，別有溫泉沸四時，
> 十里藍田融雪液，幾家丹井吐煙絲，
> 地經秋雨眞浮海，人悟春風此浴沂，
> 好景蘭陽吟不盡，了應湯谷沁詩脾。〔註12〕

蘭陽平原獨有的溫泉沸騰著，常到此地來浸泡溫泉，是蘭陽人特別的享受，如此的特殊景觀，讓人享受無窮，也寫出了幾許蘭陽人得天獨厚之處。

三、與時間相關的寫作

在八景詩中對於描寫的時間中搭配的效果很重要，同一地點的景觀，在每天中均有不同的變化，其最美的時刻切入點就很重要，如翠屏「夕」照，欣賞時間就在黃昏，球嶼「曉」霞，就在日將東昇時間，虎溪「春」濤，就得在春天欣賞，對於每天景觀的變化，季節的變換，月亮的陰朔，晚間的漁火，才蔚有可觀之處，更配合著自然的運作，在自然的寫作中，搭配著時間的運轉，使整首詩的意境，呈現最美的時刻。八景詩中出現時間點的切入，有非常巧妙的景色出現。時間因素出現的寫作景色分三類：

（一）當天景色變化

不同時間具有不同景觀，晨、昏、夜、晚等不同時間中的刻畫，出現變化萬端的景觀，詩家採取某一時刻景觀定稿，猶如攝影，選擇最佳時刻來呈現，常是最美感、捕捉最佳時刻，即能留爲永恆。

「西山『日落』行人稀，帆影依然『晚渡』多。」（王善宗〈安平晚渡〉）〔註13〕

「『夕照』西山尚未昏，『落霞』倒影碧天痕。」（王善宗〈西嶼落霞〉）〔註14〕

〔註11〕同上註，頁161。
〔註12〕陳漢光《台灣詩錄》，南投台灣省文獻會，1984，頁。
〔註13〕陳漢光《台灣詩錄》，南投台灣省文獻會，1984，頁126。
〔註14〕同上註，頁127。

「却將身萬生，常起自『三更』」（齊體物。〈東溟曉日〉）〔註 15〕

「暫見山光展翠屏，熹微嵐氣傍『昏冥』」（卓肇昌〈翠屏夕照〉）〔註 16〕

「『寒夜』聲俱寂，窮猿擢老枝」（卓肇昌〈寒夜啼猿〉龜山八景）〔註 17〕

「海濱世界洗洪荒，瓦縫參差映『夕陽』」（秦土望〈鹿港夕照〉彰化八景）〔註 18〕

「滄海藏殘日，青山出『曉霞』」（王賓〈球嶼曉霞〉鳳山八景）〔註 19〕

「涼雨注秋低霞鷺，淡烟『吹午』遠聞雞」（林啓東〈檨圃風清〉嘉義八景）〔註 20〕

充分以一天中的變化有「夕照、三更、寒夜、夕陽、吹午、曉霞」點出各景點、時刻的變化，掌握住那一時的最佳構圖陳現，捕捉整首詩充滿時間的動感，成爲最佳的註釋。

（二）季節的更迭

春、夏、秋、冬景色迷離，在自然界中有廿四節氣的變化，詩中季節常是文人內心的思緒鼓盪，以文人的敏銳感受常訴諸於筆端，有所抒發。

「一泓『秋水』如臨畫，半畝新荷未散錢」（胡殿鵬〈仰天地〉〈大屯山八詠〉）〔註 21〕

「『春草』曾經碧色誇，翻生草綠襯雲霞」（林啓東〈南浦草綠〉嘉義八景）〔註 22〕

「好是『三春』鳴鹿耳，漫誇八月吼錢塘」（章甫〈鹿耳春潮〉台郡八景）〔註 23〕

「好似錢塘『秋八月』，濆淪澎濞鼓雷霆」（徐廷良〈斐亭聽濤〉台陽八景）〔註 24〕

〔註 15〕同上註，頁 128。
〔註 16〕施懿琳《全台詩》（二），台南國家文學館，2004，頁 308。
〔註 17〕同上註，頁 305。
〔註 18〕同上註，頁 110。
〔註 19〕王瑛曾《重修鳳山縣志》，南投台灣省文獻會，1993，頁 454。
〔註 20〕林文龍《台灣詩錄〈拾遺〉》，南投台灣省文獻會，1997，頁 119。
〔註 21〕沈光文等著《台灣詩鈔》，台灣省文獻會，1997，頁 350。
〔註 22〕林文龍《台灣詩錄》〈拾遺〉，南投台灣省文獻會，1997，頁 119。
〔註 23〕施懿琳《全台詩》（三），台南國家文學館，2004，頁 364。
〔註 24〕同上註，頁 112。

「雁起蘆邊『秋漲澗』，花疎蓼外夕陽斜」（陳淑均〈沙喃秋水〉蘭陽八景）〔註25〕

「冬至絮飄深谷裏，玉龍戰退耐風霜」（王善宗〈雞籠積雪〉）（如註9）

「春草……秋水」四時輪替，景物更動、季節中有大自然的巧粧，扮演各地景物由八景詩中自然寫作最樸實無華，也最貼近自然，變化之巧妙，點出大自然的活力。

純自然美景中，有主角出現，使靜默的圖片中顯現出活力來，人處於其中，必具有動態的畫面呈現。

「野居山橋沽酒客，風晨月夜踏歌聲」（蔡相〈苑港停舟〉苑裡八景）〔註26〕

「空中突兀罩雲煙，訝是靈獅『噓半天』」（梁元〈獅嶺曉烟〉樹杞林八景）〔註27〕

「涼盡三春水，飄然一葉風」（王璋〈安平晚游〉台灣八景）〔註28〕
在物我之間的互動中，有時間的流動，使得詩句中，有著飛動之感覺，〈三春水，一夜風〉，在時空的流轉中，感覺時間的飛躍，景中有時間的動感。

四、與地形景觀有相關的自然寫作

在八景詩裏，依地形景觀來描刻的自然寫作常見於八景詩的「詩目」中，其地形常有的山、海、湖、峰、嶺、堤等詩中敘寫自然景觀中，頗有可觀。

「『虎巖』名勝本天開，誰種琅玕引我來」（陳玉衡〈虎巖聽竹〉彰化八景）〔註29〕

「斒斕光射『丹崖』上，好倩關荊浣筆成」（劉伯琛〈西嶼落霞〉澎湖八景）〔註30〕

「絕『島』潮迴夜色清，滿船風月釣竿輕」（林豪〈篝火宵魚〉新增澎湖四景）〔註31〕

〔註25〕陳漢光《台灣詩錄》，南投台灣省文獻會，1984，頁670。
〔註26〕陳漢光《台灣詩錄》（下），南投台灣省文獻會，1984，頁952。
〔註27〕同上註，頁1125。
〔註28〕施懿琳《全台詩》（四），台南國家文學館，2004，頁286。
〔註29〕施懿琳《全台詩》（四），台南國家文學館，2004，頁287。
〔註30〕林豪《澎湖廳志》，南投台灣省文獻會，1993，頁457。
〔註31〕沈光文等著《台灣詩鈔》，南投台灣省文獻會，頁122。

「潭心突兀『嶼』如珠，一片青紅兩色殊」（黃驤雲〈珠潭浮嶼〉彰化八景）〔註32〕

「『山海』於今烽火靖，白頭重話荷戈年」（林逢原〈戍台陽夕〉淡水八景）〔註33〕

「峻嶺高峰畫不成，一湖光景許澄清」（林啓東〈梅坑月霽〉嘉義八景）〔註34〕

「三坑勝跡亦奇觀，三峽會流水激湍」（梁元〈三坑湧潮〉樹杞林八景）〔註35〕

「遙峯聳峙欲捫天，海外奇觀五指懸」（陳朝龍〈指峰凌霄〉新竹縣八景）〔註36〕

地形景觀存於八景詩中最爲豐富，台灣地形變化無窮，凡台地地名亦常依地形來命名，在「巖、崖、島、嶼、坑」等自然寫作亦存巧奇，被列入八景均爲風景奇絕，又有其特殊景觀，入於詩中經詩家刻意描繪，常成爲日後騷人墨客尋訪吟詠之地，此類詩所存地點至今亦尚可訪到，自然景觀齊備。

第四節　八景詩與現今景物之對照

八景詩以各地景色爲主題，選出具足代表性的景色加以寫景，題目較爲狹隘，缺乏思想主題以寄情，更無法關照社會各階層，後來引起仿效，依據中興大學中文所劉麗卿同學所統計：

清代臺灣八景一覽

	選定者	選定年代	八景資料出處	八景細目			
臺灣八景		康熙31年以後	康熙35年高拱乾《臺灣府志》	安平晚渡	沙崑漁火	鹿耳春潮	雞籠積雪
				東溟曉日	西嶼落霞	澄臺觀海	斐亭聽濤

〔註32〕施懿琳《全台詩》（四），台南國家文學館，2004，頁318。
〔註33〕林文龍《台灣詩錄〈拾遺〉》，頁119。
〔註34〕陳漢光《台灣詩錄》（下），頁834。
〔註35〕同上註，頁1126。
〔註36〕同上註，頁1134。

諸羅縣六景	周鍾瑄陳夢林		康熙56年周鍾瑄、陳夢林《諸羅縣志》	玉山雲淨	檨圃風清	北香秋荷	水沙浮嶼
				雞籠積雪	龍目甘泉		
鳳山縣六景			康熙58年李丕煜、陳文達《鳳山縣志》	鳳岫春雨	泮水荷香	岡山樹色	帽嬌潮聲
				安平晚渡	鯤身曉霞		
臺灣縣六景			康熙59年劉良璧、陳文達《臺灣縣志》	木岡挺秀	蓮湖飄香	赤嵌觀海	鹿耳聽潮
				龍潭夜月	金雞曉霞		
彰化縣八景		雍正12年之前	乾隆7年劉良璧等《重修福建臺灣府志》	焰峰朝霞	鹿港夕照	鎮亭晴雲	線社煙雨
				虎溪春濤	海豐漁火	眉潭秋月	肚山樵歌
臺灣八景			乾隆7年劉良璧等《重修福建臺灣府志》	鹿耳春潮	雞籠積雪	東溟曉日	西嶼落霞
				澄臺觀海	斐亭聽濤	五層秀塔	四合仙梁
臺灣縣八景			乾隆7年劉良璧等《重修福建臺灣府志》	木岡挺秀	蓮湖飄香	鹿耳聽潮	龍潭夜月
				赤嵌觀海	金雞曉霞	安平晚渡	沙鯤漁火
鳳山縣八景			乾隆7年劉良璧等《重修福建臺灣府志》	鳳岫春雨	帽嬌潮聲	泮水荷香	岡山樹色
				翠屏夕照	丹渡晴帆	淡溪秋月	球嶼曉霞
諸羅縣八景			乾隆7年劉良璧等《重修福建臺灣府志》	玉山雲淨	水沙浮嶼	檨圃風清	梅坑月霽
				北香秋荷	龍目井泉	月嶺曉翠	牛溪晚嵐
臺灣縣八景			乾隆12年六十七、范咸《重修臺灣府志》	木岡挺秀	蓮湖飄香	北線迴瀾	赤嵌遠眺
				龍潭夜月	金雞曉霞	井亭夜市	郡圃榕梁
臺灣縣八景			乾隆17年魯鼎梅、王必昌《重修臺灣縣志》	鹿耳連帆	鯤身集網	赤嵌夕照	金雞曉霞
				鯽潭霽月	雁門煙雨	香洋春耨	旗尾秋蒐
諸羅縣八景	衛克堉	乾隆27年	乾隆39年余文儀、黃佾《重修臺灣府志》	玉山雲淨	蘭井泉甘	檨圃風清	梅坑月霽
				北香秋荷	南浦春草	月嶺曉翠	牛溪晚嵐
鼓山八景			乾隆29年王瑛曾《重修鳳山縣志》	秀峰插漢	石佛凌波	雞嶼夜帆	斜灣樵唱
				元興寺鐘	石塔垂綸	旗濱漁火	龍井甘泉
龜山八景			乾隆29年王瑛曾《重修鳳山縣志》	山嵐曙色	層巖晚照	雨中春樹	疏林月霽
				晴巒觀海	古寺薰風	登峰野望	寒夜啼猿

淡水廳四景	陶紹景	乾隆 29 年	乾隆 39 年余文儀、黃佾《續修臺灣府志》	坌嶺吐霧		戍臺夕陽	淡江吼濤	關渡分潮
聚芳園八景	翟灝	乾隆 57 年以後	民 67 年林文龍《南投縣志稿》《臺灣詩錄拾遺》	東山曉翠	蜂衙春暖	榕夏午風	琅玕煙雨
				迴廊靜月	秋圃賞菊	西園晚射	北苑書聲
陽基八景	蕭竹	嘉慶 5 年	咸豐 2 年陳淑均、李祺生《葛瑪蘭廳志》	蘭城拱翠	石峽觀潮	平湖漁笛	曲嶺湯泉
				龍潭印月	龜嶼秋高	沙堤雪浪	濁水涵清
蘭陽八景	烏竹芳	道光 5 年	咸豐 2 年陳淑均、李祺生《葛瑪蘭廳志》	龜山朝日	嶐嶺夕煙	西峰爽氣	北關海潮
				沙喃秋水	石港春帆	蘇澳蜃市	湯圍溫泉
蘭陽八景	柯培元	道光 15 年	柯培元、李祺生《葛瑪蘭志略》	玉峰積雪	石洞噓風	龜山朝日	鳳岫歸雲
				蘇澳連檣	石港觀潮	清溪秋月	溫泉浴雨
澎湖廳八景			道光 12 年蔣鏞、蔡廷蘭《澎湖續編》	龍門鼓浪	虎井澄淵	香爐起霧	奎璧聯輝
				案山漁火	太武樵歌	西嶼落霞	南天夕照
彰化縣八景			道光 16 年李延璧、周璽《彰化縣誌》	豐亭坐月	定寨望洋	虎巖聽竹	龍井觀泉
				碧山曙色	清水春光	珠潭浮嶼	鹿港飛帆
北郭園八景	鄭用錫	咸豐 2～8 年之間	同治 10 年陳培桂、楊浚《淡水廳志》	小樓聽雨	曉亭春望	蓮池泛舟	石橋垂釣
				小山叢竹	曲檻看花	深院讀書	陌田觀稼
全淡八景	楊浚	同治 10 年	同治 10 年陳培桂、楊浚《淡水廳志》	指峰凌霄	香山觀海	雞嶼晴雪	鳳崎晚霞
				滬口飛輪	隙溪吐墨	劍潭幻影	關渡劃流
塹南八景			同治 10 年楊浚《淡水廳志》	鳳崎遠眺	金門晚渡	北線聽濤	船港漁燈
				衢嶺曉煙	香山夕照	隙溪墨水	五指連雲
淡北內八景			同治 10 年楊浚《淡水廳志》	淡江吼濤	坌嶺吐霧	劍潭夜光	關渡分潮
				蘆洲泛月	峰時灘音	屯山積雪	戍臺夕陽
淡北外八景			同治 10 年楊浚《淡水廳志》	羅漢朝佛	半月沉江	龍目甘泉	馬鍊番房
				峰溪石壁	海岸石門	石屏錦鱗	燭臺雙峙
雞籠八景			同治 10 年楊浚《淡水廳志》	鱟嶼凝潛	社寮曉日	海門澄清	杙峰聳翠
				奎山聚雨	毬嶺匝雲	峰頂觀瀑	仙洞聽潮
苗栗縣八景			光緒 19 年屠繼善《苗栗縣志》	玉山霽雪	三臺疊翠	馬陵小海	吞霄漁艇
				銀錠綺霞	礦窟響泉	蛤市晚嵐	雙峰凌霄

恆春縣八景			光緒20年屠繼善《恆春縣志》	猴洞仙居	三臺雲嶂	龍潭秋影	鵝鑾燈火
				龜山印纍	馬鞍春光	羅佛仙莊	海口文峰
雲林縣八景			光緒20年倪贊元《雲林縣采訪冊》	龍門湧月	鳳麓飛煙	獅巖春曙	鹿社秋光
				虎溪躍渡	象渚垂虹	珠潭映日	玉嶂流霞
新竹縣八景			光緒21年陳朝龍、鄭鵬雲《新縣采訪冊》	北郭煙雨	潛園探梅	指峰凌霄	鳳崎晚霞
				香山觀海	合水信潮	靈泉試茗	隙溪吐墨
澎湖廳十二景			光緒20年林豪《澎湖廳志》	龍門鼓浪	虎井澄淵	香爐起霧	奎壁聯輝
				案山漁火	太武樵歌	西嶼落霞	南天夕照
				晴湖泛月	燈塔流輝	風櫃飛濤	大城觀日
澎湖廳新增四景	鮑復康		光緒20年林豪《澎湖廳志》	篝火宵漁	負箕晨牧	短鑱劚草	伐鼓敺魚
鳳山縣八景		光緒20年	光緒20年《鳳山采訪冊》	鳳嶼春雨	岡山樹色	翠屏夕照	丹渡晴帆
				泮水荷香	龍巖冽泉	淡溪秋月	球嶼曉霞

〔註37〕

　　由各地四、六、八、十二景詩，一共有 34 組，各地方志記載中包括治灣地區及各縣市之八景及各山之八景成為風尚。

　　八景詩中出現以區域而分約二十多種，且大區域又包括小區域，如台灣八景為大區域包含台灣全島，而鳳山八景包括在其中，又更小區域龜山八景又包含在鳳山八景之中，層層交疊，不影響騷人墨客之吟詠。八景詩於清康熙 31 年後至清光緒 20 年中也歷經二百多年，景物前後敘寫時也因有變化，而有不同的角度出現，欲窺其著筆年代之原貌亦有所困難。尤其滄海桑田變化頗大，以高拱乾於清康熙年間於置所修「斐亭」「澄台」，歷經人事更迭及時間流逝頗有傾頹，莊年曾重新加以整修，其中就有所變化。原存於鳳山縣鼓山八景中，卓肇昌有「石佛凌波」之景，卓註「石佛嶼，在鼓山西，屹峙海中，如石佛」及「雞嶼夜帆」之景，卓註「雞心嶼在鼓山門中，港灣曲折，兩旁峽峙，中容舟楫往來。」〔註38〕此二景今已不復見，卓肇昌為清乾隆 15 年（西元 1750 年）舉人，此創作約在乾隆 28 年（西元 1763 年），距今約 250 年，期間原有位於鼓山外之石佛嶼、雞心嶼，可能因打狗港航道的濬疏而將之清

〔註37〕見江寶釵《台灣古典詩面面觀》，巨流圖書，1999，頁 131。
〔註38〕盧德嘉《鳳山采訪冊》，南投台灣省文獻會，1993，頁 472。

除，詩人將自然景觀留記而下，僅供回憶、憑弔，往事已非，滄海桑田之變化甚為鉅大。

以高拱乾台灣八景詩之地點，景觀與現所知加以對照，清康熙年間之安平與現今安平地區景觀有所變化，依《台灣府志》所載「台灣府志總圖」〔註39〕及《台灣府志》卷二〈規制志〉〈城池〉條所記：

> 安平鎮城，在鳳山縣轄，安平鎮一崑崑身之上，係紅彝歸一王所築，用大磚、桐油、灰共搗而成，城基入地丈餘，城牆各垛俱用鐵釘釘之。周圍廣二百二十七丈六尺，高三丈餘，城內屈曲如樓台，辛丑年，鄭成功率舟師下之，即其城而居之。今尚存。〔註40〕

安平古城，由荷蘭人所建，康熙年間尚存，依其所築至康熙年間約80年時間。而安平晚渡即指安平鎮城和北線尾間的航道或安平港中，如不經一鯤鯓至七鯤鯓的沙洲均須以船渡前往，康熙時期所記安平港，於今因淤沙而形成陸地，台南市政府開發為五期土地加以利用，廣蓋民宅、街道，而現今安平港移至億載金城之南，原安平港區僅留有運河、水道排洩雨水於海中。

八景詩中的「斐亭」「澄台」建於台廈道置中，而當時衙署位於府治西定坊據《台灣府志》記載：

> 台廈道署，在府治西定坊，西向，由大門而儀門，而廳事，扁曰：『敬事堂』，堂之右為齋閣，為駐宅，其前，為杜士文場。堂左，則橡史案牘處，其中慎出入，加肩鑰焉，堂下左右廂舍，興隸居之，庭前植榕樹四株，皆移根金城，今抉疏盈丈，蔥鬱可觀矣：大門之外，左為文職廳，右為武職廳，其為照牆，為鼓亭，為轅門，悉如制，照牆外，巡捕廳，轅門之左有屋三楹，則為府，縣屬僚詣謁停驂之所。〔註41〕

依八景詩中「斐亭」可聽聞到濤聲，「澄台」又可觀海，證明，台廈署道置位於安平港邊，又覽「台灣府總圖」雖其記載未如現今詳盡，但地近赤嵌城，可見當時海水近於赤嵌城邊，現今赤嵌城的位置到台南市海邊相距甚遠，故考查其詩中景觀，現景與現在實景之對照變化十分明顯。

〔註39〕 高拱乾《台灣府志》，南投台灣省文獻會，1993，頁1。
〔註40〕 同上註，頁27。
〔註41〕 高拱乾《台灣府志》，南投台灣省文獻會，1993，頁29。

　　八景詩中亦有與現景變化較少者，如位於海外的鳳山八景〈球嶼曉霞〉的小琉球，蘭陽八景的〈龜山朝日〉，澎湖八景的〈西嶼落霞〉等均因孤懸本島外之島嶼，其本身均為火山岩或珊瑚岩石，歷經千萬年之變化，於距今二、三百年之間的變化較少，故其天然美景，加以配合，朝日、落霞自然景物的配合，變化則較小矣。故於今要考查其景，只要以其所到之角度、位置，大致尚可體會出景色之美。

　　再者八景詩中因科技進步而消失其景的亦也不少，如鹿港飛帆，現已不使用帆舟而消失殆盡。因氣候關係而使基隆地區少有積雪，雞籠積雪景物已消失，倒是陽明山積雪，尚可看到。肚山樵歌，因大肚山的開發，砍樹的樵夫也絕少，罕聞歌聲。鼓山八景中的龍井甘泉，現偶有「甘泉」在暴雨後出現，僅留遺跡待尋。而聚芳園、北郭園，小區域之亭園已無跡可考。八景詩中如為大自然美景尚可追憶，而人造之園景、亭台、漁火、擺渡、飛帆，則留於詩中，並淹於歷史之卷中，無法得覓。自然寫作之景象，卻栩栩如生展示在眼前，令人有跡可尋。

第七章　結　論

　　明鄭時期到清朝時期，台灣古典詩經過詩家的經營，留下無數璀璨的篇章，歷經三百多年來，朝代的更迭，戰亂的洗禮，尚能保存多數的詩篇。有些遺逸者，有心之士，又能從海外蒐羅備置，誠為天佑吾土，彰顯台灣古典詩，滋潤故土之功。台灣古典詩發展，其題材朝向新鮮、冒險、創意。其內容以自然寫作為載體，發展出台灣古典詩中最具特色部份，有精繪的物產詩、冒險的海洋詩、美感的八景詩，地震、風災、水患的天然災害詩、地理風土民俗的竹枝詞，有如博物誌將自然寫作和盤托出，共同認同這塊土地，共詠自然篇章。

　　台灣古典詩在共同為這塊土地耕耘中，記錄著這份歷史，有著「史詩」的成份，也為台灣留下歷史的軌跡，承受景物變化的感傷，天然災害詩的驚悚警惕。台灣古典詩自然寫作中也成為記錄台灣的實象，貼近歷史，成為三百年台灣最重要的資源。研究自然寫作，獲得精彩的發現：

一、自然寫作紀錄台灣的滄桑

　　以自然角度觀察著地理、風土、紀錄原住民生活習慣，社會現象，忠實的紀錄變化滄桑，對於自然景物的描述，細膩的紀錄地形，發揮清代樸學考據的傳統，保留自然風土的形貌。在開發榛莽的過程中，逐漸紀錄台灣的發展，存於自然寫作中保存原始山川、景物之原貌，為後來變遷中有所追尋。

二、詳加考察台灣動植物，記載最為詳實的自然詩寫作

　　來台宦遊人士，初接觸台地，富新鮮、冒險之精神，常懷儒家多識鳥獸蟲魚之名職志。立即賦詩以誌，朱仕玠的《小琉球漫志》、孫元衡《赤嵌集》等有如博物誌，詳細吟詠台灣動植物，以詩形式表現自然寫作，為台灣留下最可貴的紀錄。

三、渡海詩、海象詩中充分提供紀錄海洋的自然寫作

為到台灣安身立命，惡水險阻都不怕，歷經險象環生之航行，黑水溝的洶湧浪濤，變幻莫測的海象，渡海的危難，充分來紀錄著台灣海峽中不平靜的一面，也增加渡海從事新生活的一份考驗。面對險惡海象，刻骨銘心的感受，有記載詳實的渡海詩、海象詩出現中，更充分提供海象的自然寫作記錄。

四、風災、水患、地震詩中，忠實記載自然災害

面對台灣自然災害，颶風侵襲的驚悚，急風驟雨中淹水的經驗，不時有天搖地動的震景象，皆是內地較少的經歷。面對秀麗的美景，卻有自然的危害，深刻的感受中，重重的考驗，要在此安身立命的先民，必須接受的難關，是否能坦然以對，更加深和這塊土地的血脈相連，自然界的考驗是使在台的子民要付出許多代價，也因此而留下許多忠實的自然災害記載。

五、八景詩中呈現自然秀麗的風貌為詩人最佳代言

在文人雅士的吟詠，帶出台灣景色秀麗的風貌，其有寄託情志的遣懷，有描寫家園的自然情懷，有悲傷難抑的故國情懷，常藉景物有最佳的代言，八景詩中時時留下詩人無限的關懷，及對自然景物代言的留傳。

六、竹枝詞中描繪民俗、風土的自然情懷

初入台灣，原住民的樂天知命，樸實無華的生態，感染詩人民胞物與的情懷，紀錄生活百態，心存教化，以采風紀聞為職志，不外乎將以「原人倫，美教化，移風俗」為遊宦人士施政之重點，然採得各方民俗、風物詳加紀錄，有助瞭解原住民之治理。

七、自然風物成為黍離緬懷故國篇章

乙未割台，有志之士不為異族，紛紛內渡，台灣自然風物即成賦詩吟詠寄託之對象，黍離緬懷自然篇章必有抒懷，而身留台灣，心思故園，渡海悲歌，物換星移，離家之痛，必有神傷。

台灣古典詩中自然寫作，常「情以物遷，辭以情發」，豐富的景象，隨著四季變動，台灣的政局，也常變動不安，詩家置身其中，關懷國事，藉物詠託，世事紛擾中不減其吟詠情趣。台灣古典詩風，實事求是，藉物託志，熱愛斯土，雖偏海角一隅，擁自然奇葩，特以台灣古典詩之自然研究，探其面貌，以存其真。

參考書目

一、專書

1. 天下編輯處：《發現台灣》上、下，台北天下雜誌社，1992 年 1 月。
2. 古遠清：《詩歌分類學》高雄復文書局，1991 年 9 月。
3. 朱光潛：《詩論》，台北漢京文化公司，1982 年。
4. 江寶釵：《臺灣古典詩面面觀》，台北巨流圖書出版有限公司，1999 年。
5. 吳靜宇：《老子義疏註》，高雄大眾書局，1978 年。
6. 吳密察：《臺灣通史——唐山過海的故事》，台北時報出版社，1985 年。
7. 吳福助、楊永智編：《臺灣文學中的歷史經驗》，台北文津出版社，1997 年 6 月。
8. 吳福助編：《臺灣古典文學與文獻》，台北文津出版社，1998 年 5 月。
9. 吳福助編：《臺灣漢語傳統文學書目》，台北文津出版社，1999 年 1 月。
10. 吳瀛濤：《臺灣民俗》，台北眾文圖書公司，1987 年。
11. 李亦園：《臺灣土著的社會文化》，台北聯經出版社，1982 年。
12. 杜正勝：《臺灣心，臺灣魂》，高雄河畔出版社，1998 年。
13. 周駿富輯：《明代千遺民詩詠》，台北明文書局。
14. 林文月：《山水與古典》，台北三民書局，1996 年。
15. 施懿琳：《從沈光文到賴和》，台北春暉出版社，2000 年。
16. 洪英聖編著：《話說康熙臺灣輿圖》，台北行政院文建會中部辦公室，1999 年 8 月。
17. 洪敏麟：《臺灣地名沿革》，南投台灣省新聞處，1985 年。
18. 袁珂：《中國神話傳說》，台北里仁書局，1995 年。
19. 高賢治：《臺灣地區文獻會期刊總索引》，台北龍文出版社，1989 年。

20. 翁聖峰：《清代臺灣竹枝詞之研究》，台北文津出版社，1996 年四月初版。

21. 張遵旭：《台灣遊記》，南投台灣省文獻委員會，1996 年 9 月。

22. 許雪姬編：《台灣歷史辭典》，台北文建會，2004 年 5 月。

23. 郭慶藩輯：《莊子集釋》，高雄復文書局，1979 年。

24. 莊英章：《臺灣平埔族研究書目彙編》，台北中研院民族所，1988 年。

25. 陳冠學：《老臺灣》，台北東大出版社，1988 年。

26. 陳昭瑛選注：《臺灣詩選注》，台北正中書局，1996 年。

27. 陳捷先：《清代臺灣方志研究》，台北臺灣學生出版社，1996 年。

28. 陸傳傑：《裨海紀遊新注》，台北大地地理出版事業股份有限公司，2001 年 4 月。

29. 曹永和：《台灣早期歷史研究》，台北聯經出版，1997 年。

30. 黃文吉：《中國詩文中的情感》，台北臺灣書店，1998 年 3 月。

31. 黃永武：《中國詩學》，台北巨流圖書出版有限公司，1996 年。

32. 黃榮洛：《渡臺悲歌》，台北臺原出版社，1989 年。

33. 楊雲萍：《臺灣史上的人物》，台北成文出版社，1981 年 5 月。

34. 鈴木質著：《臺灣蕃人風俗志》中譯本，台北武陵出版社，1991 年。

35. 廖雪蘭：《台灣詩史》，台北文史哲出版社，1991 年。

36. 劉勰：《文心雕龍》，台北學海出版社，1977 年。

37. 劉文淇：《春秋左氏傳舊注疏證》，台北明倫出版社，1970 年 9 月。

38. 劉克襄：《橫越福爾摩沙》，台北自立晚報社，1989 年。

39. 劉峰松：《臺灣動物史話》臺灣文藝叢書五，高雄敦理出版社，1984 年。

40. 劉還月：《臺灣歲時小百科》上、下，台北臺原出版社，1989 年。

41. 劉大杰：《中國文學發展史》，台北華正書局，1977 年 5 月。

42. 顏崑陽：《古典詩文論叢》，台北漢光文化事業公司，1987 年。

43. 魏飴：《詩歌鑑賞入門》，台北萬卷樓圖書有限公司，1999 年。

44. 龔顯宗：《臺灣文學研究》台北五南圖書出版有限公司，1999 年。

45. 龔顯宗編：《沈光文全集及其研究資料彙編》，台南縣立文化中心，1998 年。

二、學位論文

1. 王文顏：《臺灣詩社之研究》，政大中研所碩士論文，1979 年。

2. 呂素端：《六朝文論中的自然觀》，中央大學中文所碩士班，1994 年 6 月。

3. 林淑慧：《黃叔璥及其《台海使槎錄》研究》，台灣師大國文系研究所，2000 年。

4. 周滿枝：《清代臺灣流寓詩人及其詩文研究》，政大中研所碩士論文，1980年。

5. 施懿琳：《清代臺灣詩所反映的漢人社會》，師大國研所博士論文，1991年。

6. 徐慧鈺：《林占梅先生年譜》，政大中研所碩士論文，1991年。

7. 許尤美：《台灣當代自然寫作研究》，中央大學中文所碩士班，1998年5月。

8. 陳丹馨：《台灣光復前重要詩社作家作品研究》，東吳大學中文所，1991年5月。

9. 劉麗卿：《清代台灣八景與八景詩》，中原大學中文研究所碩士論文，2000年。

10. 陳虹如：《郁永河《裨海紀遊》研究》，台灣師大國文研究所碩士論文，2000年。

11. 黃淑華：《劉家謀宦台詩歌研究》，東吳大學中文系碩士論文，2000年。

12. 黃美娥：《清代臺灣竹塹地區傳統文學研究》，輔仁中研所博士論文，1999年。

13. 詹素娟：《清代臺灣平埔族與漢人關係之研究》，師大史研所碩士論文，1985年。

14. 蔡寶琴：《海音詩俗語典故之分析》，政大中研所碩士論文，2001年。

15. 謝智賜：《道咸同時期淡水廳文人及其詩文研究》，師大國研所碩士論文，1995年。

三、報紙期刊論文

1. 王家祥：〈我所知道的「自然寫作」和台灣土地〉《自立晚報》1992年8月28日至30日第19版。

2. 方美芬：〈有關台灣文學研究的博碩士論文分類目錄（1960～2000）〉《文訊雜誌》185期（台北：文訊雜誌社），2001年3月。

3. 毛一波：〈臺灣的文學簡介〉，《臺灣文獻》，1976年3月。

4. 池志澂：〈全臺遊記〉《臺灣文獻》24卷2期，1973年6月。

5. 何素花：〈清初旅臺文人之臺灣社會觀察——以郁永河「裨海紀遊」為例〉，《聯合學報》13期，1995年12月。

6. 宋文薰：〈史前時期的臺灣〉，《歷史月刊》，1989年10月。

7. 徐杏宜：〈台灣當代文學研究之博碩士論文分類目錄（1999～2002）〉《文訊雜誌》205期（台北：文訊雜誌社），2002年11月

8. 徐泓：〈清代臺灣旱災史料〉，《清代臺灣天然災害史料彙編》，（行政院國

家防災科技研究報告，1983 年）。

9. 婁子匡：〈臺澎人物傳〉《台北文獻》直字六、七、八期合刊，1968～1969
年。

10. 郭安妮：〈試論孫元衡《赤嵌集》中的草木詩〉收入《第七屆南區五校中
國文學系研究生論文研究會》，嘉義南華大學文學所，2001 年 4 月

11. 張明雄：〈康熙年間清廷治臺政策及其檢討〉，《台北文獻》直字第 74 期，
1985 年。

12. 張明雄：〈明清之際臺灣移墾社會的原型〉，《臺灣文獻》，1989 年 12 月。

13. 盛清沂：〈朱景英與海東札記〉《臺灣文獻》25 卷 4 期，1974 年 12 月。

14. 莊金德：〈清初旅臺學人著作的評介〉，《臺灣文獻》15 卷 1 期，1964 年
3 月。

15. 陳正祥：〈諸羅縣志的地理學評價〉，《臺灣文獻》，1958 年 12 月。

16. 陳漢光：〈清代臺灣詩集彙目〉《臺灣文獻》10 卷 3 期。

17. 湯熙勇：〈清代臺灣文官的任用方法及其相關問題〉，《中央研究院三民主
義研究所專題選刊》80，（台北：中央研究院，1988 年 3 月）。

18. 湯熙勇：〈論康熙時期的納臺爭議與臺灣的開發政策〉，《臺灣文獻》直字
114 期，1995 年 12 月

19. 賀嗣章、廖漢臣：〈內地旅臺文人及其作品〉，《臺灣文獻》10 卷 3 期，
1959 年 6 月。

20. 黃仲襄：〈孫元衡的家世〉《台北文獻》十～十二期合併。

21. 黃秀政：〈清初臺灣的社會救濟措施〉，《臺灣文獻》，1975 年 9 月。

22. 黃得時著、葉石濤譯：〈臺灣文學史序說〉，《文學臺灣》，1996 年。

23. 薛順雄：〈從清代臺灣漢語舊詩看本島漢人社會及習俗〉，《臺灣古典文學
與文獻》學術研討會論文，東海大學中國文學系，1998 年 5 月。

24. 黎仁：〈臺灣居民之生活習慣〉《臺灣文獻》10 卷 2 期。

25. 賴子清：〈臺灣詠史詩〉《臺灣文獻》9 卷 1 期，1958 年 3 月。

26. 賴子清：〈臺灣詠物詩〉《臺灣文獻》9 卷 4 期，1958 年 12 月。

27. 顏崑陽：〈自然〉《文訊》十九期，1985 年，頁 310～312。

四、方志類

1. 丁紹儀：《東瀛識略》，南投台灣省文獻委員會，1996 年 9 月。

2. 六十七：《番社采風圖考》文叢第 90 種，台北臺灣銀行經濟研究室，1951
年。

3. 王必昌：《重修臺灣縣志》，台北臺灣銀行經濟研究室，1961 年。

4. 王必昌：《重修台灣縣志》（上），南投台灣省文獻委員會，1993 年 6 月。

5. 王必昌：《重修台灣縣志》（下），南投台灣省文獻委員會，1993 年 6 月。

6. 王瑛曾：《重修鳳山縣志》，南投台灣省文獻會，1993 年 6 月。

7. 《台灣通志》（上）：南投台灣省文獻委員會，1993 年 6 月。

8. 《台灣通志》（下）：南投台灣省文獻委員會，1993 年 6 月。

9. 《台東州采訪冊》，南投台灣省文獻委員會，1993 年 6 月。

10. 朱景英：《海東札記》，南投台灣省文獻委員會，1996 年 9 月。

11. 江日昇：《臺灣外記》，台北文化圖書公司。

12. 吳子光：《台灣紀事》，南投台灣省文獻委員會，1996 年 9 月。

13. 佐倉孫三：《台風雜記》，南投台灣省文獻委員會，1996 年 9 月。

14. 余文儀：《續修台灣府志》（上），南投台灣省文獻委員會，1993 年 6 月。

15. 余文儀：《續修台灣府志》（下），南投台灣省文獻委員會，1993 年 6 月。

16. 余文儀：《續修臺灣府志》，台北臺灣銀行經濟研究室，1962 年。

17. 周元文：《重修臺灣府志》，台北臺灣銀行經濟研究室，1960 年。

18. 周鍾瑄：《諸羅縣志》，南投台灣省文獻會，1993 年。

19. 范咸：《重修臺灣府志》，南投台灣省文獻會，1993 年。

20. 季麒光等《台灣輿地彙鈔》，南投台灣省文獻委員會，1996 年 9 月。

21. 林豪：《澎湖廳志》，南投台灣省文獻委員會，1996 年 9 月。

22. 郁永河：《裨海紀遊》，南投台灣省文獻委員會，1996 年 9 月。

23. 姚瑩：《東槎紀略》，南投台灣省文獻委員會，1996 年 9 月。

24. 柯培元：《噶瑪蘭志略》，南投台灣省文獻委員會，1993 年 6 月。

25. 胡建偉：《澎湖記略》，南投台灣省文獻委員會，1993 年 6 月。

26. 夏獻綸：《台灣輿圖》，南投台灣省文獻委員會，1996 年 9 月。

27. 高拱乾：《台灣府志》，南投台灣省文獻會，1993 年 6 月。

28. 高拱乾：《台灣府志》，南投台灣省文獻會，1993 年 6 月。

29. 陳文達：《臺灣縣志》，南投台灣省文獻會，1993 年。

30. 陳朝龍《新竹縣采訪冊》，南投台灣省文獻委員會，1993 年 6 月。

31. 陳文達：《鳳山縣志》，南投台灣省文獻會，1993 年。

32. 陳衍：《台灣通紀》，南投台灣省文獻委員會，1993 年 9 月。

33. 陳倫炯：《海國聞見錄》，南投台灣省文獻委員會，1996 年 9 月。

34. 連橫：《台灣通史》，台北幼獅圖書公司，1992 年 3 月。

35. 黃逢昶：《台灣生熟番紀事》，南投台灣省文獻委員會，1997 年 6 月。

36. 趙汝适：《諸蕃志》，南投台灣省文獻委員會，1996 年 9 月。

37. 蔣毓英：《臺灣府志》，南投台灣省文獻會，1993 年 6 月。

38. 衛惠林：《臺灣風土志》，台北臺灣中華書局，1983 年。

39. 劉良璧：《重修福建通志臺灣府》，南投台灣省文獻會，1993 年。

40. 劉良璧：《重修福建台灣府志》（上），南投台灣省文獻委員會，1993 年 6 月。

41. 劉良璧：《重修福建台灣府志》（下），南投台灣省文獻委員會，1993 年 6 月。

42. 盧德嘉：《鳳山采訪冊》，南投台灣省文獻會，1993 年。

43. 蔡振豐等《樹杞林志》，南投台灣省文獻委員會，1993 年 9 月。

44. 謝金鑾：《續修臺灣縣志》，南投台灣省文獻會，1993 年。

45. 謝嘉梁：《台灣志略》，南投台灣省文獻委員會，1996 年 9 月。

46. 謝金鑾：《續修台灣縣志》（上），南投台灣省文獻委員會，1993 年 6 月。

47. 謝金鑾：《續修台灣縣志》（下），南投台灣省文獻委員會，1993 年 6 月。

48. 簡榮聰：《福建通志台灣府》（上），南投台灣省文獻委員會，1993 年 9 月。

49. 簡榮聰：《福建通志台灣府》（下），南投台灣省文獻委員會，1993 年 9 月。

50. 藍鼎元：《東征集》，南投台灣省文獻委員會，1996 年 6 月。

51. 唐贊袞：《台陽見聞錄》，南投台灣省文獻委員會，1996 年 9 月。

五、詩文集

1. 《台灣雜詠合刻》，台北臺灣銀行經濟研究室，1958 年 10 月。

2. 《台灣詩鈔》，南投台灣省文獻會，1996 年。

3. 台北市寧波同鄉會：《沈光文思菴先生專集》，台北市寧波同鄉會，1977 年 3 月。

4. 朱仕玠：《小琉球漫誌》，南投台灣省文獻委員會，1996 年 9 月。

5. 沈有容：《閩海贈言》，台北臺灣銀行經濟研究室，1959 年 10 月。

6. 沈德潛編：《清詩別裁集》，北京中華書局，1981 年 5 月。

7. 林文龍：《台灣詩錄拾遺》，南投台灣省文獻委員會，1997 年 7 月。

8. 郁永河：《裨海紀遊》，南投台灣省文獻會，1959 年。

9. 施懿琳：《全台詩》，台南國家文學館，2004 年。

10. 孫元衡：《赤嵌集》，南投台灣省文獻委員會，1994 年。

11. 連橫：《臺灣詩乘》，南投臺灣省文獻會，1992 年 3 月 31 日。

12. 郭璞注：《山海經》，台北中華書局，1971 年 4 月。

13. 陳肇興：《陶村詩稿》，南投台灣省文獻委員會，1994 年 5 月。

14. 陳漢光：《台灣詩錄》，南投台灣省文獻會，1984 年。

15. 黃叔璥《臺海使槎錄》，南投台灣省文獻會，1957 年。

16. 董天工《臺海見聞錄》，南投台灣省文獻委員會，1996 年 9 月。

17. 鄭用錫：《北郭園詩鈔》，南投台灣省文獻委員會，1993 年 9 月。

18. 錢仲聯主編：《清詩紀事》，江蘇古籍出版社，1989 年 4 月。

19. 盧若騰：《島噫集》，南投台灣省文獻會，2003 年。

20. 顧力仁編：《台灣歷史人物小傳》，台北國家圖書館，2003 年 12 月。